D1730189

Werner Schlierf

Poesie der Hinterhöfe

Werner Schlierf

Poesie der Hinterhöfe

rosenheimer

© 2000 Rosenheimer Verlagshaus GmbH & Co. KG,
Rosenheim

Titelbild: Mauritius Die Bildagentur GmbH – BE & W
Layout und Satz: VerlagsService Dr. Helmut Neuberger
& Karl Schaumann GmbH, Heimstetten
Druck und Bindung: Wiener Verlag, Himberg
Printed in Austria
ISBN 3-475-53089-9

Inhalt

An Stelle eines Vorworts 9

Poesie der Hinterhöfe

Jazz *12*
Dschungel *13*
Gefühl *14*
Das alte Viertel *15*
Treffpunkt *16*

Aus meiner Stadt

München, meine Stadt *18*
Schwabinger Boulevard *19*
Vorstadtstraße *21*
Geschwätzig *22*
Schwabinger Nacht *23*
München *25*
In meiner Stadt *29*

Erinnerungen

Zeitreise *32*
Erinnerungen eines älteren Herrn … *33*
Zeitrost *36*
Straße der Minzenkugeln *37*
Das war meine Zeit *41*
Hinterhofträume *44*

Flitterzeit 47
Melancholie am Morgen 49
Weißt du noch? 51
Vergangene Zeiten 52
Zeitenwandel 53
Advent – Zeit des Wartens 56
Helga und Manfred 58

Aphoristische Gedichte

Freigabe 62
Verrückte Gene 63
Fremde Welten 64
Frage 65
Ergebnis 66
Information 67
Höhenflüge 68
Ende 69

Eine Erzählung

Erklärung 72
Zeit der kleinen Wehmut 73

Betrachtungen

Wischiwaschi 92
Versäumt 93
Ein Tag 94
Am Morgen 95

Fortschritt *96*
Abend *97*
Risiko *99*
Gefühle *100*
Ich weiß *101*
Verlust *103*
An einen Freund *104*
Café an der Straße *105*
Wiederholungen *107*

Szenen

Deodorant *110*
Triebe *111*
Gute Sprache *114*
Bauernschläue *115*
Weiser Rat *119*

Jahreszeiten

Bilanz eines Achtzigjährigen *122*
Erholungspark *123*
Frühling *125*
Ein Traum *126*
Elegie *127*
Kleine Einsamkeit *129*
Winterabend *130*
Vergehen *131*
Das kranke Jahr *132*
Hinterbrühler See *133*

Der erste Schnee *135*
Jahreswechsel *136*

Rückblicke

Dasein *138*
Insel der Träume *139*
Späte Liebe *140*
Letzte Gedanken *141*
Rückkehr *143*

Über Werner Schlierf *144*

An Stelle eines Vorworts

Ich passte mich
nirgendwo an.
An keine Stadt
und kein Leben.
Denn alles ist
zu schnell vertan.
Und Anpassung
wird nicht vergeben!

Ich liebte
und hasste die Stadt;
sie bleibt die Geliebte
fürs Leben.
Hat man diese Liebe
auch satt,
würde man sie
doch ungern vergeben

für eine andere
auf dieser Welt.
Und würden die
Funken auch stieben!
Nicht alles ist schön,
was einem gefällt,
ich muss meine Stadt
hassend lieben!

Poesie der Hinterhöfe

Jazz

Synkopenschleudernd
in der Improvisation.
Entrückte Melodien,
Impulse für die Musik
des zwanzigsten Jahrhunderts.
In den Existenzialistenkellern
der fünfziger Jahre,
sartregierig bei Whisky
und Lucky Strike,
tobte die Melancholie
durch die Adern.
Cool-Jazz und Dixie,
mit gelegentlichen Ausbrüchen
in den Swing und den Blues.
Ach wie liebte ich diese Zeit,
als das Ozonloch noch
undenkbar war,
und nur die runden
Austrittsöffnungen der
Trompeten
das Entstehen der Töne
ahnen ließen …

Dschungel

Speiend und schwitzend
im Nachtdunst schwebend,
in Großstadteinsamkeiten,
aufbäumendes Tier
im Städtedschungel,
aidszerfressen,
sumpfverkommen,
todlebend noch,
aber wie lange?

Dizzy Gillespie
mit der schrägen Kanne,
schwarzglänzend von Schweiß,
gurgelt er Töne in die Welt,
so als hätte sie Gott erfunden,
wenn es ihn gäbe.

Jazz,
Musik der fünfziger Jahre,
als ich noch ängstlich
den ersten Mädchen folgte.
Längst alles vorbei.
Gewohnheit bis zur Aufsässigkeit.
Schwitzende Jazz-Halunken
im Großstadtdschungel einst.
Heute fast angepasste Leiber,
hochfahrend noch hin und wieder,

und dann jazzgrinsend wie früher.
Für einige Jahre Sein
zahlen sie bar mit dem Tod.
Ich liebe Jazz,
da er mir beweist, dass ich lebe …

Gefühl

Gedichte sind
Pulsschläge des
Lebens.
Die nur von
wenigen gespürt
werden.
Aber von vielen
in Worte gekleidet
sich
wieder finden …

Das alte Viertel

Wenn ich manchmal durch das Viertel gehe,
dort, wo ich einst aufgewachsen bin.
Und die alten Hinterhöfe sehe,
zieht's mich zu den Tonnenhäusl hin.

Bei den Tonnen spielten wir Theater.
Meistens war ich da ein armer Sohn.
Und der »Meier Witsche« war mein Vater.
(Doch beim Raufen lief er gleich davon.)

Nebenan steht heut noch die Kastanie,
der ich in die Rinde »Mia« schnitt.
Und aus Wut, viel später, die Geranie
an den Stamm schmiss. Und dann warn wir quitt.

Träumend sehe ich die Kellerschächte.
Als ich zögernd gab den ersten Kuss.
Und ich fühle noch die heißen Nächte,
wenn ich einfach Küsse geben muss.

Wenn ich heute durch mein Viertel gehe,
grüßen mich die Tonnenhäusl stumm.
Und wenn ich darinnen Kinder sehe,
schluck ich dreimal schwer und dreh mich um.

Treffpunkt

Vorne, an der
Kaufhausecke,
wo sich nachts streunende Hunde
ein Stelldichein geben,
neben den tollen Lederlumbers
in den Fenstern,
dort, an der Ecke,
hundepissemarkiert,
nächtlich besucht und bepinkelt,
sitzt tagsüber immer
derselbe Kerl
mit den Flecken im Gesicht.
Er bettelt die Passanten vom Mittag
an, für einen Schlummertrunk am Abend,
den er allein und
angstzerfressen unter
der Reichenbachbrücke
zu sich nehmen wird.
Nicht mehr lange,
und die Hunde haben
ihren nächtlichen
Stelldicheinplatz
wieder für sich allein ...

Aus meiner Stadt

München, meine Stadt

Meine Stadt, die ist nicht sonderbar.
Melancholisch, laut und auch verträumt.
Fernsehäste lugen aus dem Häuserpaar –
und aus Hinterhöfen dringt das Wort: versäumt.

Meine Stadt, die ist wie alle Städte auch.
Kinder spielen so wie überall.
Und im Winter dringt aus den Kaminen Rauch …
Häuser baut man auch von Fall zu Fall.

Meine Stadt ist hässlich, meine Stadt ist schön.
So wie alles, was der Mensch gebaut.
Abends sieht man vieles beim Spazierengehn.
– Neonschriften glühen fast schon laut.

Meine Stadt, die mich auch einst geboren hat,
ist durch triste Nebel oft verhüllt.
Doch sie bleibt durch alle Zeiten meine Stadt,
wenn mein Leben sich mit ihr erfüllt.

Schwabinger Boulevard

Tische stehen unter Lichtreklamen.
Mit vier Stühlen sind sie eingesäumt.
Doch beileibe sind nicht alles Damen,
was dort auf den Sitzgestellen träumt.

Kellnerinnen tragen Kaffeetassen
und bonieren an der Kasse laut.
Eine Taube hat was fallen lassen
und ein Strolch hat mir mein Geld geklaut.

Doch die Nacht ist warm. Die Autos heulen.
War ich heute eigentlich verliebt?
Ein paar Mädchen lehnen an den Säulen –
Gott, dass es so hübsche Mädchen gibt.

Eine Frau daneben mit ner Brille
zittert sich den Löffel in den Mund.
Dass sie eigentlich des Nachts Vanille-
Eis schleckt, ist doch wirklich nicht gesund.

Träume graben Löcher in das Pflaster
und der Koch vom »Pic-nic« brät ein Huhn.
In der Ecke spielen drei Canasta,
so als hätten sie sonst nichts zu tun.

Doch die Sonne lässt sich nicht verschieben.
Und das find' ich eigentlich sehr schön.
Träumen wird in Schwabing groß geschrieben;
einmal trink ich noch, dann werd ich gehn …

Vorstadtstraße

Die Bäume stehn wie nickende Gesellen
am Straßenrand und grünen vor sich hin.
Das Pflaster liegt mit aufgeworfnen Wellen –
vom Nachbarblock da hört man Hunde bellen –
und stolz und schön, geht eine Münchnerin.

Das Trottoir erhält nun schon Figuren,
von Kalksteinbrocken und von Kinderhand.
Ganz vorn am Hauseck' sieht man Buben luuren,
die gestern mit dem Gig darüber fuhren –
»Du bist ein Depp«, steht an der Häuserwand.

Ein Schlüssel liegt auf der verwaisten Straße.
Doch niemand geht ihm heute auf den Leim.
Er hockt versteckt, mit rotzverschmierter Nase
an seiner Ferse strahlt ne große Blase –
ich steh' und schau, und fühle mich daheim …

Geschwätzig

Zwei Münchner
sitzen auf einer Bank.
Langes Schweigen.
Plötzlich sagt
der eine zum andern:
»Hm«.
Nach einer längeren
Pause sagt
der andere:
»Hm«.

Nach einigen Stunden
erscheint ein
dritter Münchner
und setzt sich.
Langes Schweigen.
Plötzlich sagt
der Hinzugekommene:
»Ein schöner Tag heut!«
Da erhebt sich
der eine
und sagt zum anderen:
»Ich geh, der red'
mir zu viel …«

Schwabinger Nacht

Der Himmel scheint
wie frisch geputzt.
Die Sterne
glasen artig.
Mein Leib ist stark
mit Zeit beschmutzt;
die Zunge dick
und schwartig.

Das Nichts der Nacht,
es nimmt mich auf –
und kost' mir
meinen Scheitel.
Ich lass den Hähnen
freien Lauf;
heut bin ich
nicht mehr eitel.

Was kommen muss
und kommen mag,
das komme,
wie es komme!
Nach feuchten Nächten
wird es Tag,
für Böse
und für Fromme!

Denn eine Nacht,
die klanglos geht,
ist keine Nacht
für Götter.
Erst wenn die Zeit
ihr kopflos seht,
dann wird sie reif
für Spötter!

München

Die Schwanthalerhöh!
– Früher:
Hinterhöfe, amselbesungen.
Kindergeschrei auf
staubwarmem Pflaster.
Häuslhüpfen, einen Fuß
glasscherbenbewehrt,
und die Mausi trug
weizenblondlange Zöpfe.
– Heute:
Scheinfirmenverbrämt.
Die Hinterhöfe dealerflaniert,
mit Containern
gespickt voll mit Abfällen
aus zweiter Hand.
Die Bronx von München
lädt' ein zum Verweilen …
Dagegen Schwabing!
Trotz Nepp und Platitüden
blieb es sich weitgehendst treu.
In is in!
Doch vereinzelt auch Künstler.
Irritiert schwebt ein
vergessenes Lächeln
durch die Baumkronen
des Englischen Gartens davon.

Demgegenüber Brooklyn!
Das Giesing von einst
erlag einem Herzschlag der Zeit.
Das Räuber- und Gendarmenspiel
ersetzt durch Tatort
und Heroin.
Wo in dämmrigen Kellerschächten
die ersten Küsse erlösend
sich tauschten, liegen heute
Spritzen und Schläuche,
und die Wände sind dreckig
und blutkrustenbraun.
An manchen alten,
vergessenen Luftschutztüren,
steht fast unleserlich schon:
»In the mood …«

Doch dann Haidhausen!
Plagiat von Schwabing!
Europäischstes Viertel,
mit Einwanderungen aus
der gesamten Welt.
Künstlerbegangen und stolz
steht der Spruch:
»Wer ko, der ko«,
auf renovierten Fassaden.
Das Greenwich Village
von München grüßt
international aus der Küche.
und das weltoffene Gespräch
endet oftmals zerstritten
und kleinlich am Biertisch
der Nacht.

München,
du Kessel aus brodelndem
Menschenfleisch, weltweit
die Farbe der Sprachen
annehmend und doch provinziell.
Ängstlich bedacht,
dass das Menschengemisch
nicht zum bayrischen wird.
Wie das seit altersher
hier Tradition.

Die Erde wird kleiner.
Der Mensch düngt sie zu.
Doch sind wir nicht eine
einzige menschliche Rasse?
– Irgendwie sind wir alle
asylsuchend tätig,
und bleiben im Ernstfall
nicht stehn vor der Tür.

Vorbei Häuslhüpfen,
mit Scherben auf Zehen,
denn die gesamte Welt
schaut auf uns.
Bleiben wir unter
uns in der Stadt?
Oder öffnen wir Tore?
– Ich bestell mir ein Helles,
denn ich weiß keinen Rat …

In meiner Stadt …

Weißt du noch, als wir – damals noch Kinder –
auf die Frauenkirch' gestiegen sind?
Am Portal unt' stand ein alter Blinder,
an der Hand ein kleines blondes Kind.

Weißt du noch im Sommer an der Hecke?
Als die Nacht den Mantel ausgelegt,
lagen wir am Boden ohne Decke
und es hat sich ringsum nichts geregt.

Weißt du noch, als wir das Wigwam bauten?
Du warst meine Indianerfrau.
Als wir auf die Flaucherprärie schauten,
war der Himmel oben weiß und blau.

Weißt du noch die ersten Liebesstunden?
Dämmernd stand das Kieswerk vor uns da.
Dort am Sandberg hab ich dich gefunden.
Und der erste zage Kuss geschah.

Weißt du noch das zarte Grün der Wiesen?
Dort wo heute Wohnkasernen stehn.
Wollten wir das Leben nicht genießen?
– Später, doch auf einmal tat's du gehn.

An dem Tag, an dem wir uns dann trennten,
war der Himmel grau, von Wolken schwer.
Tränen, Worte, soll man nicht verschwenden –
– doch ich liebte dich. Weißt du's nicht mehr?

Erinnerungen

Zeitreise

In die Vergangenheit,
dank »Hubble«,
können wir reisen.
Die Billetten
gezwickt zur Reise
»Urknall und zurück«.
Nur in die Zukunft,
die es noch nicht gibt,
führt kein Weg.

Erinnerungen eines älteren Herrn ...

Der Herbst des Lebens
bringt die schönsten Tage.
– Altweiberfäden
der Erinnerung –
Man stellt sich unbewusst
die letzte Frage –
und ganz im Innern
wird man wieder jung.

Wie war das noch
vor wer weiß wie viel Jahren?
Als man das blonde
Mädchen heiß geküsst?
Wie hieß sie nur?
Wo kann man das erfahren?
Man hat sie eigentlich
nicht sehr vermisst ...

Und dann die Nacht,
als die Sirenen dröhnten!
Das ganze Viertel
brannte lichterloh.
Dass sich die Menschen
an den Krieg gewöhnten?
– Die Antwort dieser Frage
schmerzt mich so.

Und dann die Amis!
– Gott, sie waren Götter!
Glenn Miller, Goodman,
you belong to me!
Der Geist der Zeit
forderte neue Spötter –
man rauchte Chesterfield
zu Tenderli …

Das Wirtschaftswunder
nahm man ganz gelassen.
Den schwarzen Markt,
»drei Baby Ruth ein Ei«!
den sah man hinter DM's
schon verblassen …
man wurde wieder Mensch
und war dabei!

Dann kam noch eine
späte »junge« Liebe.
Das alte Herz
entflammte über Nacht!
Man dachte schon,
dass man nun hängen bliebe …
verlegen hat man später
aufgelacht.

So viele Menschen
gingen durch das Leben.
Die wenigsten davon
waren das wert.
Man müsste nachträglich
die Faust erheben;
doch ist man dazu
längst zu abgeklärt.

Erinnerung flammt auf
und lässt dich träumen.
Der Herbst des Lebens
hält sie dir bereit.
– Man sieht als Junge sich
in hohen Bäumen …
– und alles endet
in Vergangenheit …

Zeitrost

Jede Zeit hat
ihre gute Zeiten.
Wichtig ist, was
jeder Mensch draus macht.
Freunde, Feinde,
werden sie begleiten,
alles andre gleicht sich –
Tag und Nacht.

Alles andre wird sich
wieder finden,
dort wo keine Zeit
mehr tätig ist.
Alles Wichtige wird
mit verschwinden,
wenn der Rest der Zeit
die Zeit zerfrisst …

Straße der Minzenkugeln

Die Straße ist alt geworden, die Bäume rechts und links des Gehsteigs sind gewachsen, und der Wind hat sie knorrig geblasen in seiner täglichen Arbeit. Ihre Rindenhaut ist runzelig wie bei alten Menschen und zuweilen von krebsigen Verwachsungen unterbrochen, die sie der Luftverschmutzung zu verdanken haben. Die Baumkronen überragen die Mietskasernen um ein gutes Stück. Die Zeit, die vor nichts Halt macht, ist auch hier nicht stehen geblieben.

Der Mann, der durch die Straße seiner Barfußjahre schlendert, wirkt müde und melancholisch. Sein Erinnerungsgitter öffnet sich und lässt seinen Gedanken freien Lauf.

Wann war das eigentlich gewesen, als der Sommer Karli das Schaufenster vom Kramer Lutz mit seiner Steinschleuder eingeschossen hatte? War es da nicht er gewesen, der die Prügel dafür bezog? Weil doch bei Karl May stand, dass Old Shatterhand oftmals sogar sein Leben aufs Spiel setzte, um seinem roten Bruder Winnetou das seinige zu retten.

Später allerdings, als die erste Liebe auf ihn einstürmte wie ein wilder Präriemustang, hatte ihm sein Freund Karli zum Dank dann die Scherbl Monika ausgespannt, an der sein junges Herz wildklopfend hing wie eine Klette. Er wollte damals sogar auswandern. Geheiratet hat sie der Karli aber nicht. Und heute hat die Monika drei erwachsene Buben, graue Haare und einen Finanzbeamten zum Mann.

Als er an dem alten Wasserhydranten am Walchensee-platz vorbeikommt, meint er fast den Kroller Katsche wieder zu sehen, der vor einer Ewigkeit, als er darüber im Bocksprung hinwegsetzen wollte, oben hängen geblieben war. Die Ärzte im Krankenhaus hatten dann bekümmert geschaut und seiner Mutter zögernd mitgeteilt, dass ihr Sohn wohl später keine Kinder mehr zeugen könne. Vielleicht war das der Grund gewesen, weshalb sich der Katsche mit 25 Jahren am Regerplatz vor die Linie 12 geschmissen hatte? Betrunken soll er gewesen sein, stellte man später fest.

Der Mann biegt nach links ab, und dort, wo die Untersbergstraße der Perlacher Straße auf die Füße tritt, verweilt er ein wenig. Große Wohnblöcke stehen nun an der Stelle, an der vor einigen Jahrzehnten eine riesige Kiesgrube ihren stinkenden Schlund auftat. Besatzungsrückstände wurden da von den Amis hineingekippt und von den »Kiesgruben-Krattlern«, wie diese armen, hungernden und vom Krieg ausgemergelten Menschen hießen, in verbissener Arbeit wieder geborgen. Der Kaffeesatz wurde mit Kohlenschaufeln in Büchsen abgefüllt, an der Sonne getrocknet und später drei- bis viermal aufgebrüht. Er entsinnt sich sogar noch der Zeit, als er den Amerikanern so lange nachgelaufen war, bis diese ihre halbgerauchten Lucky Strike weggeworfen hatten. Er sammelte diese Kippen für seinen Großvater, der die schwarzen Brandstellen abschnitt, den Tabak herausbröselte und sich davon wieder neue Zigaretten drehte. Die ganze Küche stank danach. Er erinnert sich auch noch an jenen Amerikaner, der dicht vor der zupackenden Hand des damaligen Buben, mit zynischem Lächeln, die Kippe auf dem Pflaster zertreten hatte. »Sorry«, sagte er und ging weiter. Er konnte die schmalen Augen und die verkniffenen Lippen des Buben damals nicht richtig deuten.

In jener Zeit, als man das kärgliche Essen noch auf Papiermarken bekam, war die Kiesgrube für die Giesinger Buben das Paradies gewesen. Erdnussbutter- und Schokoladensirupreste wurden mit dreckigen Fingern aus den Blechbüchsen geschart und mit leuchtenden Augen bis zum Ellenbogen in den Mund geschoben. Man war damals glücklich, vom süßen Leben wenigstens einen kleinen Rest ergattern zu können. Mit Wehmut denkt der Spaziergänger durch die Vergangenheit daran, wie sehr doch die Nachbarn zusammenhielten in jenen Tagen. Als der alte Konrad vom zweiten Stock eine Sau in der Badewanne schwarzgeschlachtet hatte und ihn die Polizei am nächsten Tag abholte, gingen der Rohrmoser vom Parterre, der Dussa vom ersten Stock und der einarmige Binder, sein Nachbar, freiwillig mit für ein halbes Jahr nach Bernau. Mehr Männer hatte der Krieg nicht übrig gelassen, und die Sau fraßen sie immerhin alle im Haus! Da hob eine arge Zeit für die Frauen und Kinder im Haus an, als die Männer fort mussten. Der Mann wird auch noch an die blauen Speisungskübel in der Schule erinnert. Er schmeckt direkt die Haferflocken mit Rosinen und sieht die weichen, weißen Semmeln und riecht den Kakao, der dazu ausgeschenkt wurde. Das war damals die glücklichste Zeit im Tagesablauf eines Abc-Schützen.

Der Mann schlendert zur Ecke vor, dort, wo die Wirtschaft mit den alten Kastanienbäumen freundlich zu ihm

hergrüßt. Hier trafen sie sich immer, die »Halbstarken«
von Obergiesing, wie sie dazumal genannt wurden. Was
war das nicht für eine schöne Zeit, als das Geld noch zu-
sammen geworfen und dann an alle gleichmäßig verteilt
wurde.

Er zündet sich eine Zigarette an und hinter dem blau-
en Rauch, der sich sogleich in Nichts auflöst, stellt ihm
die Realität der Gegenwart sofort ein Bein. Er denkt mit
knirschenden Zähnen an die Rocker, das Rauschgift, die
Geiselentführer und Terroristen von heute und wird
leicht nostalgisch dabei …

Das war meine Zeit

Ich lebte in einer Zeit, in der alles zu verkaufen war, wenn nur »Sonderangebot« in großen Lettern über dem Preis zu lesen stand. Bei manchen Gütern konnten die Preise sogar überhöht sein! – Geboren wurde ich allerdings in einer Zeit, in der so etwas noch nicht möglich war. Die »Discount-Ära« begann erst nach dem Zweiten Weltkrieg durch die Amerikaner, die uns so manches über den großen Teich nach Deutschland brachten. Der Hula-Hoop-Reifen war nicht das Einzige. Allmählich veramerikanisierten wir total. Ich lernte die amerikanischen Helden kennen. Von Buffalo Bill über Sitting Bull bis zu Gary Cooper. Später kamen Marlon Brando und James Dean dazu. Glenn Miller, Benny Goodman und Louis Armstrong liebte ich besonders. Das war Musik! Bis die Travellers und Max Greger auftauchten. Doch über Lionel Hampton und Dave Brubek ging nichts. Von der katzenpfotenweichen Stimme Elvis Presleys ganz zu schweigen. Ich verglich den Filmschauspieler Gary Grant mit unserem kettenrauchenden O. W. Fischer, und den Komiker Gunther Phillip mit Red Skelton, und weiß bis heute nicht, wer von ihnen mir besser gefallen hat. Wenn wir Anfang der fünfziger Jahre in unseren heiß geliebten Kinos die ersten amerikanischen Farbfilme mit unseren Girlfriends anschauten, dann träumten wir logischerweise nur noch von einem Land, und das hieß: Amerika! In diesem Wunderland wurden auch die damaligen »Amischlitten« gebaut, die nur aus Chrom und Lack bestehen konnten. Von den deutschen Rennfahrern mochte ich Hans Herrmann, Graf Berghe von Trips und Sepp Greger am liebsten. Der junge Graf verunglückte tödlich während eines Rennens in Monza. Filmhelden wie Gregory Peck, Alan Ladd, Errol Flynn, Burt Lancaster, Paul Newman und John Wayne bewunderten wir auf der Leinwand. Wir lasen Gedichte von Gottfried Benn, Kurzgeschichten von Heinrich Böll und Günter Grass' »Katz und Maus«. Max Frisch, Dürrenmatt, Zuckmayer und Beckett vergönnten wir uns auf der Bühne. Und nicht weil wir gezwungen wurden, sondern weil wir Lust darauf verspürten, und weil wir die amerikanischen Filme nicht allein in unseren Köpfen herumspuken ließen. Wir sorgten also für eine gesunde geistige Mischkost. Von den bayerischen Autoren gefielen mir besonders gut Oskar Maria Graf, Siegfried Sommer und Herbert Schneider. Wir aßen Erdnussbutter, tranken Escorial grün und walkten jedes Wochenende in unsere Bebop-Klamotten genudelt zum Tanzen in irgendeinen Bierkeller von München, wir, von Obergiesing, am liebsten in den Salvatorkeller, wenn »der Schirmer« dort spielte. In diesem Jahrhundert, in das ich hineingeboren wurde, geschahen die verrücktesten Dinge, die seit Anbeginn der Menschheit geschehen konnten. Von den Gebrüdern Wright zum Beispiel bis hin zum Raumflug. Von Gottlieb Daimler bis zu Enzo Ferrari und Ferdinand Porsche. Von der Elektrizität zur Kernspaltung. Und von der Gaslaterne zum Laserstrahl. Die Arbeitszeit verkürzte sich von sechzig auf vierzig Stunden die Woche, und für etwas mehr als zehn Arbeitsmonate gab es bis zu vierzehn Monatsgehälter. Das Insulin und das Penicillin wurden erfunden, währen die Syphilis verschwand und Aids in die Welt kam. Auf unserem guten alten Mond trampelten die ersten Menschen herum und ein Stück Himmel begann aufzureißen, das wir Ozonloch tauften. Ein neues Wort wurde für das altbackene »Hetze« erfunden: Stress! Und dieser Stress, der uns nun ständig umgab und gefangen hielt, war weitaus gefährlicher als die alte, gute Hetze. Er führte nämlich zu vielen Krankheiten, die früher unbekannt waren. Aber er gab auch den Startschuss zu vielen Millionen-Karrieren.

Jedes Jahr stehen uns neue Verrücktheiten ins Haus und in den Künsten feiern die Experimente fröhliche Urständ'. Das Unverständliche wurde in meinem Jahrhundert zur Kunst erhoben. Was soll's ...

Hinterhofträume

»Südliche Nächte unter südlichen Sternen«, sang Vico Torriani, und wir träumten vom Gardasee und von Palmen. Aber dann fuhren wir doch nur an den Bodensee, denn Palmen gab es dort ja schließlich auch. Auf der Insel Mainau nämlich. Vom Meer träumten wir nicht. Das lag unerreichbar weit von uns entfernt. Wir sahen auf amerikanischen Postkarten, die vereinzelt eintrudelten, Städte wie Miami Beach, und wir glaubten allen Ernstes daran, dass diese Herrlichkeiten hinter dem Mond liegen mussten und unmöglich von dieser Welt stammen konnten, die zerbombt, heiß und stinkend vor unseren Füßen lag. Damals, zu Anfang der fünfziger Jahre, bedeutete die Insel Mainau im Bodensee für uns mindestens ebenso viel wie heute Key West, die Bahamas oder Honolulu. Die Abc-Schützen warfen ihre Schulranzen in der zweiten Julihälfte in eine Ecke und gleich das kleine Einmaleins hinterher. Wir Halbstarken, die wir seit einigen Monaten unseren Lehrlingslohn geizig zusammengespart hatten, schnappten unsere Rennräder und jagten den heimischen Seen zu. Der Bodensee gehörte auch zu ihnen. Wir nächtigten in Heustadeln, Jugendherbergen und Zweimannzelten ohne Boden, um die wir einen »Wassergraben« ziehen mussten, damit wir bei einem Gewitter nicht davon geschwemmt wurden. Aber romantisch war es allemal. Hatten wir tatsächlich – was ja gelegentlich vorkam – zur Ferienzeit keinen Knopf Geld im Sack, weil wir auf eine »neue Schale« hingespart hatten, die sich in einer grauen Gabardinehose und in einem Pfeffer-und-Salz-Sakko erschöpfte, so fuhren wir eben guter Dinge jeden Tag auf unseren Stahlrössern zum Flaucher, ins Bad Furth oder – wenn uns der Hafer stach – ins Undosa-Bad nach Starnberg. So wenig Geld konnten wir gar nicht besitzen, dass wir mit einem Ferientag nichts anzufangen gewusst hätten. Ich entsinne mich noch eines Sommernachtsfestes in Steinebach am Wörthsee, bei dem ein Bartrio dieselben Lieder spielte wie die »3 Travellers«, die dazumal sehr beliebt und berühmt waren. Fast die gesamte Blase saß auf den Rennsätteln und strampelte mit erwartungsvollen Gesichtern Steinebach entgegen. Die »Schale« befand sich sauber verpackt in den »Wimmerln«, wie wir die Zeltstoff-Rucksäckchen nannten, die wir auf dem Rücken mit uns schleppten. Es war ein herrlich warmer Abend, und von weitem hörten wir schon »Hallo, kleines Fräulein, haben Sie heut' Zeit, mit mir auszugehen, nur zum Zeitvertreib …«, als wir uns der lampiongeschmückten Tanzfläche näherten. Adrett in unsere »Schale« genudelt. Leider vergaß unser Freund Happy regelmäßig, sich seiner »Hosenspanner« zu entledigen, wenn er sich lässig, mit einem Autoschlüssel spielend, einem Mädchen näherte, um diese zum Tanz aufzufordern.

Vier Mann besetzten einen kleinen Gartentisch und bestellten bei der Bedienung je eine Halbe Bier zu fünfzig Pfennigen pro Krug. Die anderen tanzten in der Zwischenzeit. Nach einer Tanzrunde wurde abgewechselt. Das ging ganz gut. Wir stellten keinerlei Ansprüche, und die Bedienung bekam eine Mark Trinkgeld pur. Erst wenn das Trio unweigerlich »Auf Wiedersehn« spielte, trollten wir uns auch als absolut letzte Gäste. Ewald hatte an diesem Abend die dunkelhaarige Bedienung »aufgerissen«. Diese versorgte uns mit zurückgegebenen Schnitzelresten und ließ uns alle verbotenerweise im Holzschupfen der Wirtschaft schlafen. Beim ersten Sonnenstrahl schlüpften wir ohnehin in unsere Badehosen, und ein herrlicher Badetag erwartete uns …

Flitterzeit

Die Flitterzeit ist angebrochen, das heißt, dass die vom Leben stiefmütterlich Behandelten, nun endlich auch »auf gleich« kommen können. Schließlich sieht man einer Maske nicht an, was druntersteckt. In meiner Barfußzeit »gingen« wir Buben natürlich ausschließlich als Indianer oder als Trapper. Später wurden die Masken ausgefallener; doch im Prinzip hat sich nichts verändert.

Faschingsbälle an allen Ecken und Enden der Stadt! Es hat sich – wie gesagt – nichts verändert all die Jahre hindurch. Das einzige mögen die Tanzgewohnheiten sein. Und nur daran merkt man, dass man allmählich alt wird. Alt, nein, das ist eigentlich nicht der richtige Ausdruck; sagen wir lieber: »älter«. Als der Twist, dieser wunderschöne Körperverrenkungstanz, gerade in Mode kam, hatten wir ehemaligen Halbstarken eigentlich schon ausgetanzt. Die meisten von uns waren bereits in festen Händen, und es schob sich höchstens noch gelegentlich ein Foxtrott oder ein Wiener Walzer. Unsere Rock-'n-Roll-, oder sagen wir lieber: Jitterbug-Zeit war endgültig vorüber. Schließlich wollten auch wir im Leben »ein bissl zu was kommen«. Und da hieß es sparen. Gelegentlich »ging« unser verwässertes James-Dean-Blut aber mit uns »durch«, und wir brachen für eine Nacht aus dem Ehealltag aus. Und meistens geschah dies zur Faschingszeit!

Zuerst konsumierten wir in unserer ehemaligen Stammkneipe ein paar Bierchen mit den dazugehörigen Steinhägern, und dann stürzten wir uns rigoros in jeden Faschingstrubel, der sich uns bot. Wir vergaßen für eine kurze Zeit, dass wir eigentlich noch die gerade gekauften Babywindeln in unseren Isettas, Kleinschnittgern und Kabinenrollern liegen hatten und die Babynahrung für drei Tage dazu. Wir fühlten wieder die alte Spannung in den Adern und grinsten die Solo-Hasen von unten herauf an, wie wir das von James Dean gelernt hatten.

Ja, eigentlich waren wir noch ganz tolle Hechte! Daran gab es nichts zu rütteln. Kaum hatte die Band eine Glenn-Miller- oder Benny-Goodman-Nummer auf der Taste, schnappten wir uns eine Tanzpartnerin und begannen sofort einen wilden Jitterbug aufs Parkett zu legen. Bei uns kamen die Mädchen auf ihre Kosten! Schulterwürfe, Rumpfschleudern und Beinzüge legten wir hin, als hätten wir sie erfunden! Lief so eine »Ausbruchs-Faschingsnacht« einmal besonders gut, dann konnte es sogar geschehen, dass wir an der Sektbar mit unseren Tanzpartnerinnen das komplette Versicherungsgeld für den Kabinenroller versoffen, das wir wohlweislich eingesteckt hatten. Wichtig allein war diese eine Jitterbug-Nacht! Davon zehrten wir wieder ein volles Jahr …

Melancholie am Morgen

Wie abgestandnes, helles Bier,
hängt dieser Tag um alle Dächer.
Gespielt, gesungen bis um Vier,
dann wurde der Applaus schon schwächer.
Mein Heimweg zog sich, denn zu dir
hat es mich schrecklich hingezogen.
Dass du mich liebst, sagtest du mir
und hast mich kleinlich angelogen.
   Ich gab dir alles, gab dir Glück,
   doch du zogst dich in dich zurück
   und gingst von mir so Stück für Stück,
   und hast mich schließlich ganz betrogen … ·

Die letzte Zigarette, die
ich eben rauchte, wurde Asche.
Den letzten Whisky, der mir schrie,
trank ich betrunken aus der Flasche.
Dass ich dir diesmal nicht verzieh,
schließlich hast du das Spiel beendet.
Man soll zwar niemals sagen »nie«,
zu sehr war ich von dir geblendet.
   Ich gab dir alles, gab dir Glück,
   doch du zogst dich in dich zurück
   und gingst von mir so Stück für Stück,
   und hast für andre dich verschwendet …

Die letzte Kneipe macht jetzt dicht,
mich fröstelt bis in meine Knochen.
Ich sehe vage dein Gesicht
und deinen Mund, der falsch gesprochen.
Du warst mein Anfang, warst mein Licht,
dann hat mich dein Gefühl verdroschen.
Du gabst ein Wort, das gläsern bricht,
bin ich für dich ein alter Groschen.
Ich gab dir alles, gab dir Glück,
doch du zogst dich in dich zurück,
und gingst von mir so Stück für Stück,
bis endlich alles war erloschen …

    Ich gab dir alles, gab dir Glück,
    für mich da gab es kein Zurück,
    ich gab dir alles Stück für Stück,
    und nun ist alles ganz erloschen …

Weißt du noch?

Weißt du noch, wie Brennnessel gut riechen,
wenn ein warmer Regen sie benetzt?
Weißt du noch, wie die Minuten kriechen,
wenn kein Uhrwerk diese Zeit ersetzt?

Kennst du das Gefühl, wenn man im Regen
pfennigschutzend drin im Hausgang hockt?
Oder beim »Kanal-zum-Nachbar-Legen«,
der grad nass, im Garten, Erdbeer brockt?

Weißt du noch, wie schön das Pflaster wärmen
kann, wenn man im Sommer barfuß läuft?
Siehst du dich noch von der Hilde schwärmen,
deren Spitzl grad am Brunnen säuft?

Hörst du noch die schönen Kindersprüche:
»ene, wene –« oder: »Schwarzer Mann –«?
Riechst du den Geruch noch in der Küche,
wenns Geld langt und Mutter backen kann?

Weißt du noch beim Indianerspielen?
Kennst du noch den schönen Fleck im Wald?
Wenn die Dinge nicht mehr in dir wühlen,
ja mein Lieber, dann bist du uralt …

Vergangene Zeiten

Man kann vergangene Tage
nicht mehr ins Heute ziehn.
Was gestern noch Jugendfrage,
zieht sich zur Vergangenheit hin.

Alles was war, kommt nicht wieder.
So heißt es in einem Lied.
Es wäre ein altes Gefieder,
das sich durch Flaumfedern zieht.

Versuchst du das Gestern zu holen,
versuchst du vergebens die Kunst.
Das Gestern schleicht auf leisen Sohlen,
und verliert sich im nebligen Dunst.

Zeitenwandel

Zu einer Zeit, als noch die Ostereier von den Vorstadtmüttern selbst bunt gefärbt und bemalt wurden, und nicht schon fix und fertig im Februar in allen Metzgereien und Supermärkten zum Verkauf bereitlagen. Zu einer Zeit also, da man noch beim Nachbarn klingelte, wenn Öl, Essig oder Salz ausgegangen waren, und man nicht in den Wagen stieg, um hundert Meter um die Ecke noch rasch diese Dinge zu besorgen. Zu dieser Zeit bin ich aufgewachsen. Würde man mich heute fragen, ob »diese Zeit« eine »schöne Zeit« gewesen ist, so könnte ich nur mit »ja« antworten. Im Nachhinein ist jede Kinder- oder Jugendzeit schön, selbst wenn sie noch so erbärmlich gewesen ist. Zu essen hatten wir allemal, nur heikel durfte man nicht sein. Fleisch gab es allerdings nur am Sonntag. Eventuell noch Blut- und Leberwürste am Mittwoch, wenn beim Metzger Bosch geschlachtet wurde. In einer solchen Zeit, Mitte der vierziger und Anfang der fünfziger Jahre, als noch vom Großvater selbst gebasteltes Spielzeug einen ungeheuren Wert darstellte, waren die Tage noch länger, die Sommer schöner und die Isar viel reiner. Unterhalb der Tierparkbrücke schwammen wir nicht nur, sondern wir stillten auch unseren Durst, wenn wir kein Zehnerl für ein Waldmeister- oder Himbeerkracherl besaßen. Und meistens besaßen wir keins. Einige hundert Meter flussaufwärts badeten die »Nackten und die Schönen«. Und wir pirschten uns oftmals an, um an hübschen Mädchenkörpern ein bisschen mit den Pupillen zu naschen und im Geiste mit unseren Fingern darauf spazieren zu gehen. Damals waren die »FKKler« für unsere Begriffe etwas total Verruchtes, was ja verständlich war in einer Zeit, wo ein gerissener Strapsgummi in der Straßenbahn für einen Skandal sorgte, den heute höchstens noch Franz Xaver Kroetz auf der Bühne hervorzubringen vermag.

Damals war die Zeit der Radfahrer, und ein Motorrad Marke »Fichtel & Sachs« galt als ausgemachter Luxus. Von einem Auto erst gar nicht zu sprechen. Im August 1945 fuhren in Giesing vier Automobile auf den Ruinenstraßen herum. Eines davon gehörte dem praktischen Arzt Bruno Kaiser aus der Tegernseer Landstraße und eines – ein Vorkriegs-DKW Meisterklasse mit Holzaufbau – meinem Vater, der nebenberuflich bei den »Optischen Werken Steinheil & Söhne« die Funktion eines Sanitäters ausübte. Hin und wieder organisierte mein Großvater einen Kanister »rotes Amibenzin« von einem amerikanischen Captain, dem er in dessen beschlagnahmter Harlachinger Villa einige Glasfenster einkitten musste. Mein Vater tätigte mit dem gleichen Amerikaner »Ami-Zigaretten-Geschäfte«.

Ja, und eines Tages brachte er, in seine Strickweste eingewickelt, ein Schäferhund-Baby mit nach Giesing. Einen Rüden, fast noch nicht von der Mutter entwöhnt, den ihm der Captain geschenkt hatte. Als Lager wurde ihm vorübergehend die Puppenwiege meiner kleinen Schwester zugewiesen. Und in dieser Wiege lag er noch als ausgewachsener, bildschöner Schäferhund-Rüde. Seine Läufe streckte er zwischen den Spreißen der Wiege durch, und Kopf und Hinterteil ragten über die Holzränder der Wiege ins Freie. Jerry, wie er genannt wurde, holte – das Einkaufsnetz im Fang tragend – jeden Tag die Semmeln für meine Großmutter. »Eiweckerl« aß sie für ihr Leben gern, die es Anfang der fünfziger Jahre in allen Bäckereien zu kaufen gab. Sie tauchte die Eiweckerl in ihren Lindes-Kaffee ein, und Jerry bekam auch jeden Tag sein halbes, eingetauchtes Eiweckerl ab. Jerry starb vierzehnjährig im Januar 1960. Eiweckerl gibt es längst keine mehr, und die Nachkriegsmentalität der Nachbarn und Freunde ist längst auch dahingegangen, wie so viele geliebte Dinge aus jener Zeit …

Advent – Zeit des Wartens

Natürlich hatte der alte Graufuchs und ehemalige Asphalt-Trapper als kleiner Hosenträrä in der Vorweihnachtszeit auf den Heiligen Abend gewartet und am besagten Tag sehnsüchtig aufs Christkind. Dabei verließ ihn die Angst nicht, dass das liebe Christkind vielleicht mit einem Bomberverband der Royal Air Force kollidieren könnte und abstürzen müsste. 1943 war er sieben Jahre alt.

Im Winter 1947, als die Währungsreform noch ein halbes Jahr auf sich warten lassen sollte, wartete er als elfjähriger Bub in langer Schlange vor dem Kolonialwarengeschäft Köhler auf Teigwaren und Kartoffeln, die soeben eingetroffen waren und auf Lebensmittelmarken abgeholt werden konnten.

In den fünfziger Jahren wartete er zusammen mit seinem Großvater regelmäßig auf die sonntägliche Radiosendung zur Mittagszeit, wenn in der »Glückswelle« die Zahlen gezogen wurden. Von Woche zu Woche erwarteten sie sich einen Gewinn.

Die Wartezeit zwischen den »großen« Ferien und den Weihnachtsferien ging für die ABC-Schützen schier nicht zu Ende. Endlich war es dann so weit und das geduldige Warten hatte sich gelohnt: die ersehnten zensurlosen Weihnachtsferien waren da.

Später wartete er des öfteren im Hausgang auf die Scherbl Monika, derweil die um die Ecke an der Gassenschänke aufs Bier für ihren Vater warten musste, weil gerade neu angezapft wurde.

Als die Monika dann ein paar Jahre später ein Kind erwartete, heulte sie Rotz und Wasser darüber, da der angehende Vater mit »Brillantine-Henker« vor dem Arbeitsamt in der Thalkirchnerstraße verbissen auf Arbeit wartete. Doch Monikas Erwartung erfüllte sich, da der pickelige Halbstarke sie artig zum Traualtar führte. Und sie ging sogar in Weiß; ihrem Bäuchlein sah man nicht an, dass sie in froher Erwartung war, man zog vielmehr eine leichte Magenblähung ins Kalkül. Er nahm sich einen Smoking zu leihen und fühlte sich darin genau so fremd, wie in seiner neuen Rolle als Ehemann und zukünftiger Vater. Dieses Warten damals vor neun Monaten im Hausgang hatte sich gelohnt.

Als dann ein Bub zur Welt kam, wiederholte sich eigentlich sein eigenes Leben. Mit kleinen Unterscheidungsmerkmalen natürlich. Heute ist der Sohn Mitte dreißig, verheirateter Vater seiner zwölfjährigen Enkelin, und Besitzer eines gut gehenden Tagescafés in der Innenstadt. Gerne erwartet er seine Mutter Monika und seinen ehemaligen Halbstarkenvater als Gäste in seinem Café.

Doch der alte Graufuchs wartet bereits auf ein Ereignis, das unaufschiebbar immer näher rückt, und das die lebenslange Warterei endgültig abschließen wird …

Helga und Manfred

Wenn ich mich zurückerinnere an die Zeit, als man noch bedenkenlos im Regen spazieren gehen konnte, da er weder sauer noch sonst wie verseucht war, dann habe ich als erstes den Geruch in der Nase, der sich entwickelt, wenn ein Regenschauer auf staubwarmes Straßenpflaster niedergeht. Dieser Geruch ist unverwechselbar und er zaubert mir sofort eine längst vergangene Situation vor mein geistiges Auge. Die »großen Ferien« zum Beispiel, die jeder Abc-Schütze das ganze Jahr über sehnlichst herbei wünschte. Wenn die Schulranzen und Mappen endlich ihren längst verdienten Platz in der Besenkammer fanden.

Ich entsinne mich der Riesen-Regenlache, die sich regelmäßig nach einem Gewitterschauer rund um den verstopften Gully vor unserem Häuserblock bildete. In dieser Regenlache, in der wir bis zu den Oberschenkeln im Wasser standen, wäre der Sperber Mane einmal fast ersoffen. Wir hatten ihn mit einem Strick beim Indianerspielen an den Gullydeckel gefesselt. In sitzender Stellung. Und dann waren wir in den Hausgängen verschwunden, als es zu schütten begann. Den Sperber Mane hatten wir vergessen. Als der Platzregen nachließ, fanden wir den Mane bis zum Kinn im Wasser sitzend vor. Der Witsche musste tauchen, um den Strick, der um Manes Handgelenke gebunden war, durchschneiden zu können. So etwas zelebrierten wir nie wieder.

Das nächste Mal banden wir den Sperber Mane an einem Rad von einem »Rollwagerl« fest, das sich zum Glück nicht zum Kiesgrubenrand vorbewegte, sondern an einem Kieshaufen hängen blieb. Der Mane hatte sich trotzdem zweimal überschlagen. Dabei war der Manfred Anton Sperber unser Freund. Der schwächste allerdings, und das wird es wohl gewesen sein, dass er immer gefangen wurde. Doch der Sperber-Bub spielte unverdrossen mit, und allmählich bekamen wir irgendwie Respekt vor seinem Mut als ständiger Verlierer. Später ging der Mane freiwillig als einer der ersten zur neu gegründeten Bundeswehr. Dort soll er auch Karriere gemacht haben. Und die Grundausbildung riss er auf einer Hinterbacke lässig herunter, zur Verblüffung seiner Vorgesetzten. Das hatte er von den Indianerspielen mitbekommen.

Die Rickl Helga war da anders. Sie hatte sich immer um den Sperber Mane gekümmert, wenn er zerschrammt aus unseren Spielen hervorgegangen war. Sie stand auf ihn wie eine Eins! Weil er die steigfähigsten Kastendrachen bauen konnte und der Helga immer seine Holzklapperl lieh, damit sie nicht barfuß laufen musste. An manchen Tagen bröselte der Helga die Zeit aus ihrem Gesicht. Sie war älter als wir, und an manchen Tagen bemerkten wir das deutlich. Besonders während der »großen Ferien«, als die Familie Rickl aufs Land fuhr und die Helga bei ihrer halb blinden Oma daheim bleiben musste. Der Helga war das nur recht. Dann vergaß sie sogar ihren Schwarm, den Sperber-Buben, malte sich die Fingernägel mit einem Ami-Nagellack an und trieb sich bei den Ami-Tracks herum, die Essensreste von der Militärregierung in die Kiesgrube kippten. »Jetzt schwanzelt s' wieda bei de Ami rum, de Flietschn«, knurrte der Witsche und schielte zum

Mane hin, der aber eisern stehen blieb und direkt darauf zu warten schien, von Witsche irgendwo angebunden zu werden. Uff!

Die Rickl Helga ging bereits in die siebte Klasse. Sogar schon zum zweiten Mal. Und das sah man auch ihrer Figur an. Selbst die Amis sahen das! Und das mit der Schule war denen sowieso wurscht. Auf Schulbildung legten sie keinerlei Wert, bei ihren erotischen Vorhaben. Helga konnte sich die Namen der Amis nie merken. Deshalb sagte sie zu jedem »Boy«. Die Boys registrierten das lächelnd und verwöhnten das Rickl-Girl mit vielen Schmankerln aus der »PiEx«. So vergingen die »großen Ferien« für die Helga recht angenehm. Heute werde ich sofort an diese Zeit erinnert, wenn Regen auf staubwarmes Pflaster fällt, und dieser eigenartige Duft um meine Nase gaukelt, den Vergangenheit geboren hat. Lang, lang ist's her …

Aphoristische Gedichte

Freigabe

Spätestens nach
»Fleisch«,
dem Film des
genialen Rainer Erler,
versuche ich meine
Organe im festen
Griff zu behalten.
Was allerdings
nicht ausschließt,
sie nach meinem
Gehirntod freizugeben.

Verrückte Gene

Nach einer
durchzechten Nacht
geschieht es bisweilen,
dass mich durch
den Spiegel
das Gesicht
meines Vaters
angrinst.
Und ihm wird es
wohl ebenso
ergangen sein.
– Denn mein Großvater
trank auch.

Fremde Welten

Wer jemals seinen Fuß
in eine fremde Welt
gesetzt,
der kann ermessen,
wie der Mann im Mond
belämmert schaute,
als er Armstrongs
Fußsohle in seinem
Gesicht spürte.

Frage

Nachdem es uns ein
Leichtes ist,
erste und zweite
Dimension
nachzuvollziehen,
da wir in der
dritten – wie wir glauben –
existieren,
kann demzufolge
die vierte nur
außerhalb der Kugel
oder des Würfels
liegen.
Oder nicht?

Ergebnis

Mathematiker und
Physiker haben
versucht,
ihre Gedanken
und Erkenntnisse
zu verdichten.
Leider kamen keine
Gedichte dabei
heraus, sondern nur
Formeln.

Information

Die menschliche Zelle,
im Binnenmeer des
Körpers schwimmend,
öffnet sich nur dann,
wenn neue Information
erwünscht ist und
erwartet werden kann.
Mit Banalitäten
kann man ihr
nicht kommen.

Höhenflüge

Wenn deine Gedanken
erst einmal im
Orbit angelangt sind,
werden sie schwerlich
wieder zurückkommen.
Es sei denn,
sie stürzen ab.

Ende

Als dieser Ötzi
gefunden wurde,
wussten wir,
dass sich die Gletscher
in Auflösung befinden.
Wer weiß, was noch
alles zum Vorschein
kommt,
bis wir endlich ersaufen
werden?

Eine Erzählung

Erklärung

Er schrieb
eine schwer verständliche Prosa,
für die er schon viele
Preise eingeheimst hatte.
Bei seinen Lesungen
musste er zuvor
den Zuhörern mit
leicht verständlichen Worten
den Inhalt erklären.

Zeit der kleinen Wehmut

Die Kastanien verlieren ihre tabakbraun gefärbten Blätter und der »wilde Wein« an Villenmauern, längst zahm geworden, tut es ihnen gleich. Das Jahr kratzt die letzte Kurve und setzt zum Endspurt an.

Die Mädchen verstecken ihre Reize wieder unter Baumwolle und freuen sich auf den Fasching, um erneut Männerblicke auf der Haut genießen zu können. Die Zeit der Erwartung ist angebrochen und auch die Zeit der kleinen Wehmut.

Die ersten Schaufenster haben ihre Weihnachtsdekoration erhalten und Schokoladennikoläuse grinsen die vorbei hastenden Passanten auffordernd an, so als bäten sie förmlich, mitgenommen und zu Hause aufgegessen zu werden. Der alte Mann weiß, dass er im letzten Drittel seines Lebens steht. Dennoch sitzt er oft in dem kleinen Bahnhofsrestaurant, schaut versonnen den Zügen nach, und trinkt in kleinen Schlucken sein Bier. Die Wehmut des Alters überkommt ihn hier. Und er gibt sich ihr gerne hin.

Die Vorweihnachtszeit hielt immer schon eine gehörige Portion Melancholie für ihn bereit. Seit seiner frühesten Jugend.

Ein stattlicher Weihnachtsbaum, mit elektrischen Kerzen bestückt, steht in der Ecke des Restaurants, das eigentlich mehr einem Wartesaal zum Jenseits gleicht. Doch dem Alten ist das egal.

Ächzend stehen alte Erinnerungen auf und träumend sieht er den Schienenkolossen nach, wenn sie in der Ferne verschwinden und ihm höhnend den letzten Gruß pfeifen. Das Fernweh packt ihn dann wieder, das sein ganzes Leben unstet gestaltet hatte. Allerdings nicht mehr so heftig wie das früher der Fall war. Heute klopft es ihm nur noch zaghaft auf die Schulter und flüstert ihm ins Ohr: »Was ist nun, Alter? Was ist nun …? Bald ist Weihnachten mit dem üblichen Tratschwetter bei uns, und in der Beach von Miami hat es plus vierundzwanzig Grad Celsius. Was ist, Alter …?«

Dann verspürt er so ein eigenartiges Rumoren in seinen Gliedern und seine Augen sehen wie frisch geputzt aus.

Immer wieder hat er das Bedürfnis, sich zu erheben, sich zu strecken, etwas Neues anzupacken, doch da fühlt er sofort die Zeit wieder, wie sie alt und klumpig an seinen Beinen hängt. Dann seufzt er leise, seine Schultern verlieren die Spannkraft und seine Augen sehen wieder aus wie zuvor: trüb wie Regenpfützen nach einem Gewitter.

Oft ergeht es ihm so. Und deshalb schaut er gerne den Zügen nach. Eine kleine Erfrischung ist das für ihn in dem einsamen Einerlei seines Alltags. Für ihn bedeutet der Bahnhof die große Welt. Der Bahnhof ist Anfang und Ende.

Er trinkt sein Bier aus, bezahlt und erhebt sich zögernd. Abschied nehmend schaut er den Lokomotiven in ihre gläserne Augen und strebt dann dem Ausgang zu. Die Großstadt mit ihrem pulsierenden Leben hat ihn wieder. Hier hört er den entnervenden Lärm; und hier stört er ihn.

Im Bahnhof ist das anders. Dort bedeutet er Ferne, andere Städte, andere Menschen, Abenteuer. Im Großstadtgetümmel fühlt er sich nicht wohl. Da ist alles so begrenzt. Die Autos glotzen ihn feindlich an, und die Menschen haben keine Zeit. Ihre Gesichter sind unpersönlich und ihre Augen sehen stumpf nur einige Meter weit. Mehr Platz haben sie dazu nicht.

Er geht zügig, um rasch heimzukommen. In sein Zimmer im vierten Stock eines Altbaus. Dort fühlt er sich einigermaßen geborgen. Wenngleich auch hier die Einsamkeit Blüten treibt. Die meisten seiner Freunde sind bereits gestorben. Merkwürdig, dass in der Vorweihnachtszeit die Einsamkeit immer stärker fühlbar ist als während des Jahres.

Bedächtig steigt er die Stufen hinauf und schließt seine Türe auf. Langsam lässt er sie ins Schloss zurückgleiten und der Hausgang liegt wieder still da wie zuvor. Nur die Sonne zwängt sich in schmalen Streifen durch das Hinterhausfenster und spielt mit den Staubpartikelchen auf den flachen Treppen ihr gleich bleibendes Spiel.

Der Alte zieht seine Joppe aus, hängt sie feinsäuberlich auf den Kleiderbügel und stellt seine Schuhe ordentlich darunter. Seine Frau ist schon viele Jahre tot.

Er weiß den Tag nicht mehr genau. Er weiß nur noch, dass am Himmel so eigenartige Phosphorlichter hingen, welche die Leute »Christbäume« nannten. Er selber war beim Werkschutz gewesen und überlebte diese schlimme Nacht. Die Bunker seines Betriebes waren stärker gebaut als die Luftschutzkeller der Wohnhäuser. Gute Fachkräfte waren wichtiger als Rentner, Frauen und Kinder. Für die Wirtschaft, die sich immer weiter drehen musste im Spiel des Fortschritts. Und vor allen Dingen für den Krieg!

Er hatte nur ein paar Möbel retten können. Das war alles gewesen. Und an jedem Stück klebt die Erinnerung wie ein Abziehbild seines Lebens. Und das seiner Frau, deren Leben in dieser schrecklichen Nacht beendet wurde. Als diese Christbäume am Himmel hingen.

Auf dem Tisch liegt – neben den Herztabletten und den Tropfen gegen den Husten – ein angebrochenes Päckchen Zigaretten. Der Alte nimmt eine davon heraus und reißt ein Streichholz an. Die schwache Flamme erhellt sein Gesicht ein bisschen. Es ist hager und scharf geschnitten. Von der Nase abwärts graben sich zwei tiefe Falten zum Kinn vor, das in der Mitte ein Grübchen besitzt. Und das Kinn und die Wangen sind stoppelig wie ein abgeerntetes Kornfeld. Nur etwas grauer vielleicht.

Der Mann nimmt einen tiefen Zug von der Zigarette und muss husten. Dann stößt er den Rauch steil nach oben, wo er sich auflöst. Der Einsame setzt sich auf einen Stuhl. Das Knarzen erschreckt ihn leicht. Er räumt das alte Plüschkissen beiseite und schaut sinnend einen Moment auf den gestickten Spruch des Kissens. »Leg deine Hand in meine Hand, dann gehen wir zwei durchs Märchenland« steht darauf. Mit einem flüchtigen Lächeln legt er es hinter sich auf das Sofa. Er stützt den linken Ellenbogen auf die Tischplatte und legt seinen Kopf in die Handfläche. Hin und wieder zieht er von der Zigarette und streift zwischendurch die Asche ab. Und nun kommt die Erinnerung wieder auf ihn zugekrochen wie ein

Wurm und wie so oft in letzter Zeit. Und nur diese Erinnerung ist es eigentlich, die seine Einsamkeit erträglich macht. Kinder hatten sie nicht gehabt. Beide waren sie berufstätig gewesen. Sie in einem Rüstungsbetrieb, der Gasmasken herstellte, und er in einem Rüstungsbetrieb, der Bombenabwurfzielgeräte von seinen Arbeitern bauen ließ. Außerdem war nie Geld da gewesen und die Inflation hatte ihre wenigen Ersparnisse restlos aufgefressen. Dann kam der Krieg. Und plötzlich war die Frau tot. Und dann kam die Einsamkeit, denn geheiratet hatte er nicht mehr. So sehr hatte er seine Frau geliebt. Zuerst konnte er die Einsamkeit kaum ertragen. Immer wenn er nach Hause kam, lag ihm das »Grüß dich, Maria« auf der Zunge. Doch allmählich gewöhnte er sich daran, nichts mehr zu sagen. Und so vertröpfelte seine Zeit. Stunde um Stunde, Tag für Tag und Jahr für Jahr.

Nun schließt der Tag seine Hände und überlässt der Nacht die Welt. Die Sonne geht in ein anderes Land und lange Schatten zeichnen sich im Zimmer ab. Die Zeit der Dämmerung ist die einsamste für den alten Mann. Besonders im Winter. Dieses Zwischending von Nacht und Tag. Das weder Fleisch noch Fisch ist. Das einen schönen Tag zunichte macht, und eine hässliche, einsame Nacht folgen lässt. Oder umgekehrt.

In der Dämmerung fühlt sich der Alte am einsamsten. In ihr kann er keine greifbaren Konturen finden. Ihr ist er hilflos ausgeliefert zwischen Tag und Nacht. Er starrt lange zum Fenster hinaus, sucht den Mond, der allmählich die Dächer der Häuser zu versilbern beginnt, sucht noch etwas, doch wie immer kann er es nicht finden. Dieses Lebenssinnbild, das irgendwann einmal den Tod seiner geliebten Frau rechtfertigen musste. Sofern es einen Lebenssinn überhaupt geben mag, und nicht alles nur »Zufall und Notwendigkeit« war, wie er in einem gescheiten Buch gelesen hatte.

Er erhebt sich schwer, überlegt, ob er noch was essen soll, winkt jedoch ab und richtet sich sein Bett für die Nacht zurecht. Danach tritt er ans Fenster, schaut auf die Straße hinunter, die hektisch, laut und absolute Gegenwart ist. Die Straßenbeleuchtung ist eingeschaltet und die Neonreklamen in ihrer farbigen Pracht springen in die Augen der Menschen. Und überall elektrisch erleuchtete Sterne, Kometen und Halbmonde. Und gelegentlich Weihnachtsbäume vor den Eingängen mancher Geschäfte. Er schaut in die Fenster des gegenüber liegenden Hauses. Es ist Tag für Tag dasselbe Bild. Die Kinder werden gewaschen, die Fernsehapparate angestellt und im zweiten Stock schüttelt die junge Frau die Betten auf. Sie kennt noch keine Einsamkeit. Vielleicht sollte er sich auch ein Fernsehgerät anschaffen? Noch vor den Weihnachtsfeiertagen? Mit einem harten Ruck schließt er die eine Fensterhälfte und lehnt die andere dagegen, damit frische Luft durchs Zimmer streichen kann. Dann schlüpft er ins Bett.

Im Schlaf gaukeln ihm Nikolaus und Christkind Kindheitsbilder vor sein Erinnerungsgitter. Er sieht sich an der Hand seiner Mutter, wie er über den Christkindlmarkt schlendert. Und er sieht seinen Vater, wie der, mit einem »Fuchsschwanz« unter dem Arm, dem Perlacher Forst zustrebt. Dort holte er sich regelmäßig eine Fichte aus dem Staatsforst als Weihnachtsbaum. Er war davon überzeugt, dass der Wald allen Menschen gehörte ...

Als der Alte am nächsten Morgen die Treppe hinuntersteigt, verharrt er einen Herzschlag lang im ersten Stock. Dort wohnt ein junger Graphiker. Mit diesem unterhält er sich zuweilen; im Allgemeinen pflegte er keinen Umgang im Haus. Der Junge ist ihm sympathisch, obgleich ihre Welten zu verschieden sind. Die jungen Leute leben zu sehr in der Gegenwart. Das ist auch gut so. Nur für ihn ist das schmerzlich, da die Zukunft Tag für Tag kleiner wird als die sprichwörtliche Gegenwart, die es eigentlich gar nicht gibt.

Heute will er zum Friedhof, und später wird er den Schnapsladen an der Ecke besuchen. Dort kennt er einige Rentner vom nahen Spital, die sich ihren Lebensabend mit Alkohol erträglich gestalten. Und mit einem gelegentlichen Schafkopf. Es sind ein paar lustige Gesellen darunter und der grauhaarige Straßenbahner a. D. schaut noch immer gerne den Mädchen nach. Sein Freund erzählte sogar einmal, dass er ein Verhältnis mit einer Offizierswitwe vom Frauentrakt gehabt haben soll. Doch keiner glaubte ihm so recht.

Der einarmige Invalide, der auch zur Runde gehört, meinte allerdings, dass er höchstens noch eine nasse Zeitung zerreißen könne, aber sonst schon gar nichts mehr. Doch auch darüber hatte der Schwerenöter nur leise gelächelt und nichts darauf erwidert. Und so blieb in der Schnapsbude die Ungewissheit bis heute hängen, wie die winterlichen Nebelschwaden auf der vorweihnachtlichen Straße.

Daran muss der Alte heute denken. Auch er sieht gerne ein paar schlanke Mädchenbeine. Er müsste ja blöd sein, würde so ein Anblick nicht seine Pupillen erfreuen. Er kann nicht begreifen, dass man bei alten Leuten immer gleich die Nase rümpft, wenn sie noch etwas vom anderen Geschlecht wissen möchten. Gibt es für die Liebe denn eine Altersgrenze?

Gewiss glauben das nur die jungen Leute. Aber man soll sie selber erst einmal älter werden lassen. Und einsam. Dann wird man ja sehen. Dann werden sie es am eigenen Leib erfahren. Und erkennen müssen, wie unangenehm rot man im Alter werden kann, wenn ein junger Kerl zu einem »alter Bock« sagt. Nur weil man die Kellnerin ein bisschen auf den Hintern getätschelt hatte. Oder weil man beim Anblick langer Mädchenbeine, die er gerne »Sündenstengel« nennt, einen starren Blick und nasse Mundwinkel bekommt. Immer diese Moral nach außen hin!

Aber das werden alle noch mitmachen müssen, wenn ihnen die Zeit ein paar Jahrzehnte vom Buckel gedroschen hat. Und dann werden sie ihre Meinung wohl oder übel ändern. Das ist die einzige Gerechtigkeit auf dieser Welt, dass aus allen jungen und überheblichen Menschen alte und einsame werden.

Da hastet ein junger Mann mit einer Zweimetertanne an ihm vorüber und hätte ihm beinahe den Hut vom Kopf gerissen. Der Baum ist fix und fertig geschmückt und aus Plastik.

Der Alte überquert den rauschenden Boulevard und biegt in die stille Seitenstraße ein, die zum Friedhof führt.

Sie ist gesäumt von alten Kastanienbäumen, ihm vertraut seit damals, als er selbst noch ein Bub war. Mit rotzverschmierter Nase und dem »was-gibt-es-Neues-Blick« in den klaren Augen.

Er hält an und schaut in Gedanken drei Buben zu, die sich mit Steinen und Stöcken abmühen, die begehrten Rosskastanien, die man zu allen möglichen gebrauchen kann, vom Baum zu werfen. Einer von den dreien ist er selbst. Sie lesen die spärliche Ausbeute zusammen und laufen der nahen Wiese zu, um die grüne, stachlige Haut von den braunen Herrlichkeiten zu lösen. Sinnend schaut ihnen der Alte in Gedanken nach, als sie davon rennen, und vermeint fast, sein eigenes Leben weglaufen zu sehen.

Verstohlen blickt er sich um, ignoriert ganz einfach die Jahreszeit, und als er sicher sein kann, dass er allein ist, schwingt er rasch seinen Hackelstecken über den Kopf und lässt ihn in die dürren Zweige surren. Er hat aber nicht getroffen und scheppernd fällt der Spazierstock auf das Kopfsteinpflaster zurück. Er geht hin, hebt ihn verschämt auf und mit gesenktem Kopf wandert er weiter. Dem Friedhof zu. Den Kastanienbäumen schenkt er keinen Blick mehr. Vergangenheit und Zukunft schieben sich immer öfter übereinander. Er hat ganz vergessen, dass in ein paar Wochen der so genannte »Heilige Abend« gefeiert wird.

Der Friedhof liegt still im Nebel. Die hier ruhen, haben die Zeit überwunden. Sie kennen keine Einsamkeit mehr. Sie sind eingegangen in die vierte Dimension, die den Lebenden so viel Kopfzerbrechen bereitet. Sie kennen die

Wahrheit. Aber sie können nichts mehr damit anfangen. Sie sind wieder dorthin zurückgekehrt, wo sie vor ihrer Geburt waren. Und davor fürchtet man sich sein Leben lang, muss der Alte denken. Wovor denn eigentlich? Man kann sich doch nur fürchten vor etwas, das man kennt. Vor einem Massenmörder zum Beispiel. Oder vor einer Steuerprüfung.

Der Alte schlurft zum Grab seiner Frau hinüber und lässt der Vergangenheit freien Lauf. Diese eigenartige Melancholie hat er gerne. Er ist dann nicht mehr so allein. Die verblichene Erinnerung, die auch längst schon graue, strähnige Haare hat, gaukelt ihm das Bild seiner Frau vor Augen, und die schönen Stunden, die er mit ihr gemeinsam verlebt hatte. In der Erinnerung überwiegen meist positive Eindrücke. Nur das Schöne schiebt sich in die Gehirnwindung, in der die Vergangenheit, in kleine Fragmente gestapelt, liegt. Man kann sich ihrer bedienen, so oft man Lust danach verspürt. Und das ist gut so.

Das Gesicht des Mannes ist ruhig und versonnen. Sein Blick schweift über Grabstätten, die Friedhofsmauer, die Häuser, bis hinauf zu den Wolken. Und noch viel, viel weiter. »Wie war das doch gleich wieder damals? – Ach ja ...« Die Gespenster der Jugend sind da. Deutlich und scharf bricht der Maitag in sein Erinnerungsgitter eine Lücke, an dem er als grollender Mann aus dem Gebäude tritt, das er mit stolz gewölbter Brust betreten hatte. Zur SS wollte er sich damals melden. Weil das der Wunsch seiner damaligen Braut gewesen war. Das taten viele zu dieser Zeit, die später dann, nach Kriegsende, der Entnazifizierung glimpflich durch Fälschung entronnen und nun um einhundertachtzig Grad verdreht waren. Doch damals hatten sie mit strahlendem Blick »Heil Hitler« geplärrt und ihre jüdischen Nachbarn geschnitten, wo sie nur konnten. Die Menschen sind eben wandelbar und stinkfeige. Und ihre Moral ist dementsprechend. So glaubte der Alte wenigstens.

Fast greifbar steht das Bild vor seinen Augen, als er damals zu seiner Braut zum Abendessen kam. Sie hatte ihn genötigt, zu dieser merkwürdigen »SS« zu gehen, die damals für die Elite gehalten wurde. Der Vater seiner Braut war seit Bestehen der NSDAP Mitglied dieser Partei. Also war es nahe liegend, den zukünftigen Schwiegersohn in diesen Reihen zu suchen. Er saß damals, neben seiner Braut in BDM-Uniform, am Familientisch und alle vier aßen schweigend. Sehr wohl war es ihm nicht in seiner Haut. Und nach dem Essen, bei einer Flasche Mosel-Wein, blieb das Gespräch nicht aus, bei dem sich dann alles herausstellen solle. Der Vater seiner Braut nahm es sehr ruhig auf und erleichterte ihm die Eröffnung: Der Urgroßvater des Alten war mit einer Jüdin verheiratet. Seine Braut hingegen machte einen sehr enttäuschten Eindruck. Das würde sich später gewiss von selbst geben, dachte er damals. Als er sich verabschiedete, fühlte er allerdings die Kälte, die sie ihm entgegenbrachte. Von jenem Tag an hatte er seine Braut nicht mehr gesehen.

Später las er dann in der Zeitung, dass sie geheiratet hatte. Einen deutschen Leutnant.

Anfangs war er traurig darüber gewesen. Doch heute wusste er, dass es so das Beste war. Er wäre mit dieser

Frau nie so glücklich geworden wie mit seiner späteren. Das Schicksal hatte schon seine richtigen Einfälle. Sofern es ein Schicksal überhaupt geben sollte.

Als der Krieg 1942 immer brutaler zu werden begann, ging er in den Widerstand. Er sabotierte in seiner Firma und ging immer um Haaresbreite am Beil des Scharfrichters vorbei.

Der Alte fährt aus seinen Gedanken auf. Seine Augen suchen sich in der Gegenwart wieder zurecht zu finden. Er bückt sich langsam, nimmt den struppigen Weihwasserpinsel und spritzt damit mechanisch einige Male auf den Grabhügel seiner Frau. Eine dünne Eisschicht beginnt sich bereits zu bilden.

Dann zieht er aus der Joppentasche eine halb gerauchte Zigarette hervor, setzt sie in Brand, zieht den Rauch tief ein und hustet dabei. Nächste Woche wird er einen kleinen Weihnachtsbaum vorbeibringen.

Der Kies des Weges knirscht unter seinen Sohlen. Beim Portal verhält er, überlegt, und schlägt dann doch den Weg zum nahen Stehausschank ein. »Auf eine Halbe kann ich ja noch hineingehn«, denkt er. Doch er weiß, dass es nicht dabei bleiben wird.

Beißender Tabakqualm und der ewig gleich bleibende Mief einer Schnapsbude lassen ihn erneut husten. Mit einem Blick sieht er, dass seine Freunde noch nicht anwesend sind. Nur eine Hand voll Leute sitzen und stehen um die lange Bartheke herum. Und alle sind sie alt. Der Mann bestellt sich ein Bier und wärmt es zwischen den Händen. Dann trinkt er langsam und schaut sich die Gesichter rundum an. Alt sind sie. Das Leben hat mit seiner scharfen Axt wild hineingeschlagen. Kreuz und quer. Ohne Rücksicht.

Der Alte beginnt, ohne es eigentlich zu wollen, zu philosophieren. Er stellt sich vor, was der Graukopf dort, mit dem eisgrauen Bart wohl gewesen sein mochte? Früher, als sein Bart und sein Haar noch dunkel waren?

Er sieht aus wie ein Kapitän, denkt er. Aber weshalb sitzt er dann hier? War sein Schiff etwa gesunken?

Der Alte muss daran denken, dass man in der Jugend so unendlich viel Zeit mit unnützen Dingen verplempert. Das Alter mit seiner Einsamkeit war ja noch in weiter Ferne und man sah es nicht, selbst wenn man scharf und genau hinschaute. Wie man nur so grenzenlos unwissend und blöd sein konnte?

Der Wirt entzündet eine Kerze auf dem Adventskranz und mit demselben Streichholz seinen Stumpenstummel, der ihm aus dem Mund ragt, wie ein abgebrochener Ast.

Der Alte hebt sein Bierglas und trinkt. Dann bleibt sein Blick auf einer Frau haften, die als einzige an der Bar sitzt. Er studiert sie genau. Wie sie raucht, wie sie trinkt. Noch nie zuvor, so erinnert er sich, hatte er diese Frau hier gesehen. Sie konnte noch nicht alt sein. Auf Mitte dreißig würde er sie schätzen. Sie hat volle Lippen. Der Alte betrachtet sie genau, während sie raucht. Dann nämlich vibrieren sie leicht.

Auch ihre Figur ist schön. Er empfindet es jedenfalls so. Ihm wird ganz heiß, wenn er sie betrachtet. Dieses eigenartige Gefühl des Begehrens bleibt den Menschen wohl ein Leben lang angehaftet. Und dies macht das Alter noch schlimmer. Er stellt sich vor, wie das wohl wäre, wenn sie mit ihm in seine Wohnung mitkommen würde? Er stellt sich noch vieles mehr vor. Ihre Figur, wie sich die wohl nachts vor seinem Fenster abheben würde. Mit allen weiblichen Formen, die einem Mann den Atem rauben.

Der Alte erschrickt und blickt sich verstohlen um, ob vielleicht jemand seine Gedanken erraten haben mochte.

Doch alle starren stumpfsinnig in ihre Biergläser oder unterhalten sich über Belanglosigkeiten.

Immer wieder wandern seine Augen hinüber zu der rauchenden Frau. Er versucht, seine Gedanken zu bändigen. Dennoch kann er es nicht verhindern, dass sein Verlangen nach ihr ständig wächst. Er möchte am liebsten mit den Fingern seine Haare glatt streichen, wie er das früher immer getan hatte. Doch er unterdrückt diese Regung, die zweifellos linkisch gewirkt hätte. Zumal es bei seinem schütteren Haar nicht mehr viel glatt zu streichen gab. Aber er fühlt deutlich einen Strom zwischen sich und dieser Frau pulsieren. Dieses eigenartige Gefühl kann es auch nur zwischen Mann und Frau geben, wie er glaubt.

Er wusste nicht recht, wie er sich verhalten sollte. Er wollte sich keinesfalls lächerlich machen. Einerseits möchte er die Frau besitzen, doch andererseits ist er sich nicht schlüssig, wie er sich ihr verständlich machen sollte. Vielleicht würde sie seine Annäherung als Belästigung eines alten Mannes auffassen?

Aber dieses verflixte Gefühl, dieser unbändige Trieb ist nun einmal in ihm. Seine Gedanken kreisen ausschließlich darum.

Er hat sein Alter vergessen und seine Einsamkeit. Alles ist wieder Spannkraft. Wie gestern im Bahnhofrestaurant. Diese Frau und sein Verlangen nach ihr füllen ihn total aus. Sein Blut ist heiß und brodelt wie in jungen Jahren durch seine Adern. Alles ist vergessen. Seine verstorbene Frau, der Friedhof, die Weihnachtszeit und die Erinnerung an seine Nazi-Braut. Alles ist nie da gewesen. Es hat nichts gegeben, bis auf diese Frau dort drüben am Ende des Bartresens.

Ein rascher Seitenblick belehrt ihn, dass auch sie ihn unablässig mustert. Er vermeint in ihren Augen auch Verlangen wahrzunehmen. Etwa das Verlangen nach ihm? Sein Puls wird heftig. Er zündet sich eine Zigarette an und bläst den Rauch steil nach oben. Wie früher. Und er muss dabei nicht husten. Diese Frau will er heute besitzen!

Er erhebt sich, winkt dem Wirt und bezahlt sein Bier. Dann sagt er, etwas lauter als sonst, er würde nun nach Hause gehen. Mit einem raschen Blick zur Seite stellt er mit Befriedigung fest, dass die Frau nun ebenfalls bezahlt. Dann geht er.

Ein fahler Mond hängt über der Isar, als er die Schnapsbude verlässt. Es ist kalt und es beginnt zu schneien. Ganz große Flocken. Er schreitet gemächlich voran, verhält nach einer Weile und wendet sich um. Im dämmernden Schneetreiben bemerkt er die Gestalt der Frau, die ihm langsam folgt. Der Alte beeilt sich nicht. Er hat nun sehr viel Zeit.

Er wird wieder an den Bahnhof erinnert und an die Züge, und sein Gesicht nimmt einen jungenhaften Ausdruck an. Langsam schreitet er vorwärts. Verhält hin und wieder, wendet sich um, und bemerkt mit Freuden die Frau, wie sie ihm folgt. Nichts anderes nimmt er sonst noch wahr. Nicht mehr die vorweihnachtliche Dekoration der Geschäfte. Weder den Christbaum vor dem großen Möbelgeschäft, der ihn alljährlich an seine Kindheit erinnert. Noch den Verkehrsstrom auf den Straßen, oder die vorüberhastenden Menschen. Er muss nur unablässig an diese Frau denken.

Vor seinem Haus angekommen, blickt er sich erneut um, ängstlich. Doch er stellt mit Erleichterung fest, dass ihm die Frau gefolgt war. Mit einem Lächeln schließt er auf, tritt ein, und lehnt die Haustüre nur an.

Leichtfüßig eilt er die Treppen hinauf. Vor der Türe des jungen Graphikers verhält er ein wenig. Nun ist seine Welt von der Welt des jungen Mannes nicht mehr so grundverschieden. Nun ist alles »gleich« geworden. Er hört gedämpft ein amerikanisches Weihnachtslied, als er weiter treppauf steigt.

Seine Wohnungstüre knarrt leicht beim Öffnen. Aber heute stört es ihn nicht sonderlich. Auch diese Tür lehnt er nur an. Er weiß ja, dass noch Besuch zu ihm kommen wird.

Der Alte zieht seinen Mantel aus, hängt ihn fein säuberlich auf einen Bügel und nimmt die Krawatte ab. Er zieht die Schuhe aus und stellt sie ordentlich unter die Kommode. Während der ganze Zeit umspielt ein feines, erwartungsfrohes Lächeln seine schmal gewordenen Lippen.

Die Tasse vom Frühstück, die noch auf dem Tisch steht, trägt er in die Küche. Dann wischt er mit einem

Lappen den Tisch sauber und stellt einen frischen Aschenbecher darauf. Mit einem wohlgefälligen Blick mustert er sein Werk. Nun zieht er seine Hosen aus, das Hemd und das Unterzeug, und schlüpft in einen frischen Pyjama.

Gelegentlich huscht er zur Türe, lauscht und geht befriedigt zurück.

»Bald muss sie kommen«, jubelt sein Inneres und dann muss es sehr schön werden. Sehr, sehr schön. Wie es lange Zeit nicht mehr war.

Der Alte stellt sich vor den Spiegel, mustert sein Gesicht und zündet sich erneut eine Zigarette an. Auch diesmal muss er nicht husten.

Er nimmt sein Rasierzeug und schabt sich seine Wangen und das Kinn glatt. So viel Aufhebens hatte er die letzten Jahre vor dem Schlafengehen nie gemacht. Sogar die Haare kämmt er sich aus der Stirne. Zufrieden drückt er die Zigarette aus, schließt das Fenster, damit die kalte Luft nicht von draußen zu ihm ins Zimmer kriechen konnte und legt sich ins Bett.

Nun wird die Frau gegenüber auch wieder die Betten aufschütteln, wie jeden Abend. Doch heute wird auch er nicht allein sein.

Er lauscht und lächelt, als er die Schritte vernimmt. Rasch löscht er das Licht. Schon vermeint er die Frau im Zimmer zu spüren. Er liegt ganz ruhig und schaut erwartungsvoll zur Zimmertüre. Die Straßenbeleuchtung gaukelt ihm Gestalten nie gekannter Schönheit vor Augen. Gestalten mit biegsamen Körpern, die sich im Reigen drehten. Und da wird er ganz sachte wieder an den Bahnhof erinnert. Wie die stählernen Kolosse ein- und ausfahren. Monoton ist das Stampfen der schweren Maschinen. Der Alte wird schläfrig dabei. Aber er bemerkt es nicht.

Und da! Plötzlich steht sie dicht vor seinem Bett! Ihre vollen Lippen lächeln ihn zärtlich und erwartungsvoll an. Sie bückt sich leicht und küsst ihn auf den Mund. Mitten auf den Mund!

Der Alte lächelt dankbar, als er den Kuss erwidert. Und dann schwebt er glücklichen Herzens in eine fremde Dimension. In eine Dimension, die er noch nicht kannte. Und das Fernweh und die Einsamkeit wurden immer kleiner und kleiner …

Der junge Graphiker, der ihn als erster entdeckte, staunte über die peinliche Ordnung, die im Zimmer herrschte. Er hatte dem Alten einen kleinen Christbaum für das Grab seiner Frau besorgt.

Der alte Mann lag frisch rasiert in seinen Kissen. Ein feines und wissendes Lächeln spielte um seine Lippen. Die Wohnungstür war immer noch angelehnt. Vom Bahnhof wehte ein Pfiff einer sich entfernenden Lokomotive herüber. Fast ein bisschen klagend klang er. Aber nur ein bisschen …

Betrachtungen

Wischiwaschi

Gedichte,
die nur in
Kurzatmigkeit
Nichtigkeiten
verbreiten,
sind nur Zeilen
für mich,
die Nichtigkeiten
zum Gedicht
erheben ...

Versäumt

Es scheint manchmal, als wenn die Welt zerbräche.
Man liegt mit wachen Augen, doch man träumt.
Es ist als ob das Schicksal sich nun räche
und trunken dir zu wachen Träumen spräche:
du hast versäumt.

Du rauchst die Zigarette noch zu Ende.
Das Radio am Sideboard stellst du ab.
Du tastest, aber leer sind deine Hände,
bekleckst mit stumpfem Blick die Zimmerwände –
und bist so schlapp.

Es stoßen harte Träume auf dich nieder,
du fühlst eiskalte Hände hint am Po.
Doch Gottseidank kläfft jetzt dein Wecker wieder,
ein neuer Tag streckt gähnend seine Glieder,
auf ins Büro!

So rinnt die Zeit durch deine mürben Knochen.
Wenn sich dein Geist auch fest dagegen bäumt.
Hast du des Frühlings Herbst noch nie gerochen?
Dann wird die letzte Stunde höhnisch pochen:
du hast versäumt.

Ein Tag

Es ist ein Tag, wo man ganz sacht,
die Zeit auf leisen Sohlen schleichen hört.
Wo die Vergängnis spöttisch lacht
und uns kein Mensch in den Gedanken stört.

Es ist ein Tag, da Regen fällt,
der sinnlos durch den eisern Gulli rinnt.
Man spürt ganz deutlich, wie die Welt
sich unaufhaltsam Zeitenfäden spinnt.

Es ist ein Tag, ein stiller Tag,
wo man dem Leben gegenüber steht.
Man kann nun denken, wie man mag:
der Wind ist da, der durch die Blätter weht.

An diesem Tag wird uns bewusst,
dass es noch vieles, vieles geben muss.
Wir hatten es nur nicht gewusst …
– so schrein wir auf und warten auf den Bus.

Am Morgen

Neulich hatt' ich einen tollen Traum.
Die Autos auf der Straße kriegten Hände.
Sie packten mich, ja ja man glaubt es kaum,
(vor ihrem Kühlergrill hing weißer Schaum!)
um meine Lende.

Sie glotzten gierig mit den Augen her.
Und ihre profilierten Hände stachen
zu mir herab. – Natürlich schrie ich sehr,
doch dieses Brüllen nützt' nichts mehr,
weil sie mir alle Knochen brachen.

Sie trugen Rüstungen aus blankem Stahl
und waren von mir nicht mehr zu besiegen!
Der Morgen leuchtete so rot und fahl;
ich fühle jetzt noch meine Todesqual
und bleibe liegen ...

Fortschritt

Bagger fressen gierig Stück für Stück.
Tödlich drohen ihre scharfen Zähne.
Und für einen kleinen Augenblick,
zerläuft auf meiner Wange eine Träne.

Wohnkasernen werden dort erstehn,
dort wo einst nur Gras wuchs und auch Bäume.
Fremde Menschen werden drüber gehn –
und darunter liegen Kinderträume.

Doch man kann es wenden wie man will.
Der Fortschritt ruft und alle müssen dienen.
Dreimal darfst du weinen, dann sei still,
sonst fressen dich noch die Zementmaschinen.

Abend

Am Abend geht die Zeit spazieren
und Frauen lassen sich verführen,
der Tag hat seine Prügel längst.
Statt Strahlenobst gibt es Gemüse,
Lymphknoten schwellen, und die Drüse
schwillt ab im Kopf, mit der du denkst.

Das Grün der Bäume ging verloren,
fast alle Sterne sind geboren,
kein Blatt welkt im Beamtenwald.
Die Neonlichter glühn in Farben,
der Tag zwängt sich mit seinen Narben
durch einen schmalen Mondlichtspalt.

Nun ist die Zeit der kleinen Träume,
Gedanken purzeln durch die Räume,
die Geigerzähler ticken schon.
Lasst uns die Schierlingsbecher heben,
auch Strontium gehört zum Leben,
die Halbwertzeit schleppt sich davon.

In violetten, weiten Fernen,
da werden wir zu leben lernen –
im metaphysischen Bereich.
Für alle ist die Nacht gekommen!
Den Jungen, Alten, Bösen, Frommen,
spielte man gestern einen Streich.

Ein Halleluja, Freunde, Brüder –
nun enden alle unsere Lieder,
nur das Gekrächz' der Raben bleibt!
Wir sind nicht mehr davon gekommen,
die Tage sind davon geschwommen,
den schwarzen Nächten einverleibt.

Was nützen nun die Lichtreklamen?
Die feinen Leute, guten Namen?
Das Ende hat sich fortgesetzt.
Es zirkuliert auf allen Bahnen,
ein bittersüßes Abschiedsahnen,
das weder Mensch noch Tier verletzt.

Am Abend geht die Zeit spazieren,
damit die Tage sich verlieren,
in einem halberlebten Traum.
Wir werden uns wohl nie mehr finden,
es öffnet sich für jeden Blinden
ein abgeschlossner, dunkler Raum …

Risiko

Gedichte
sind Aquarelle,
die momentane
Flüchtigkeiten
für lange Zeiten
bewahren,
oder auch nicht ...

Gefühle

Glück,
Verleumdung der Zeit,
Nächte im
offenen Wagen,
die Gefühle zerstreut
zwischen
Armaturenbrett
und lilaner
Strumpfhose.
Und immer
neue Wellen
eines Gefühls
von Glück ...

Ich weiß

Ich weiß.
Ich sitze hier,
trinke Bier und starre
in das Rechteck des Fernsehgeräts.
Ich weiß.

Obgleich so viel zu tun wäre.
Obgleich ich gebraucht würde.
Obgleich die Menschheit
im Abgas zu ersticken droht.
Ich weiß.

Doch es ist nicht Feigheit,
nicht Trägheit
was meinen Geist bindet.
Nur meine Gedanken
sind zu schwer,
sich zur Wehr zu setzen.
Sie erinnern an Kohlensäure
und sind nicht zu fassen,
nicht zu ordnen.
Ich weiß.

Die Blindheit
der Menschen wächst hoch zwei
im Vergleich zum Fortschritt.
Ich weiß.
Und trotzdem
trinke ich
mein Bier.
Obgleich so viel zu tun wäre.
Ich weiß …

Verlust

Auf leisen Strümpfen
eilt die Zeit davon.
Oktoberfestverhangen
sind die Tage.
Der Herr im weißen Pelz,
der wartet schon;
er weiß, er kommt zum Zug,
in jeder Lage.

Alles was laut war,
wird nun leiser jetzt.
Die Tage werden wieder
melancholisch.
Die Friedhöfe der Welt
sind längst besetzt –
– doch das erträgt man
leichter alkoholisch.

Obwohl man weiß,
es ist derselbe Mist,
fühlt man sich Jahr für Jahr
noch mehr beschissen.
Selbst wenn das Leben
man nimmt, wie es ist,
wird man es irgendwann
doch sehr vermissen …

An einen Freund

In keimende
Augen sehn,
Liebe und Tod
fühlen,
und das letzte
Aufbäumen vor dem Verfall,
die letzten Worte
allesumfassend
in mich aufnehmend,
und dann nur
noch »dich« –
nur noch »dich« –
ist das kein Leben,
mein Freund?

Café an der Straße

Die Stunde,
in der ich glücklich bin,
in der ich liebe,
heiß verzehrend.
In der ich Whisky trinke,
mir eine neue Zigarette anstecke,
die Stunde,
im Café an der Straße,
die violette Sommernacht
in mich aufnehmend
im Taumel der Lust.
Diese Stunde des Wohlseins ist's,
die mich schaudern lässt.
Bedenke ich, dass in derselben Zeitspanne
Menschen ermordet werden,
unter Qualen sterben,
ertrinken, verdursten, dahinsiechen.
Die Stunde,
in der die Welt Risse bekommt.

Wenn ich daran denke,
im innersten Seelenwirrwarr
daran erinnert werde,
dann könnte ich mich aufschreiend
an meine antike Brust schlagen
und meinen Tod wünschen,
auf dass ein anderer sich seines Lebens erfreue.
Doch soweit wird meine Liebe
wohl nie reichen.
Ich schäme mich und schweige.
– Denn auch das Schweigen
erhält den Tag am Leben.

Wiederholungen

Nichts sprengt so sehr den Lebensrahmen
auf unsrer Welt, als wie die Zeit.
Aus kleinen Mädchen werden Damen,
zum Kinderkriegen schon bereit.

Die »kleinen Lieben« werden größer,
aus Mädchenaugen schreit der Schmerz.
Das Leben gibt sich fulminöser
und zugleich wächst das kleine Herz.

Was früher nur am Tag geschehen,
geschieht nun öfter in der Nacht.
So ändern sich der Zeiten Wehen,
was man als Kind niemals gedacht.

Was man bei Buben gar nicht merkte,
entdeckt man plötzlich nun beim Mann.
Wenn Muttern früher Blusen stärkte,
zog man sie später nicht mehr an.

Aus weißen Söckchen wurden Strümpfe;
der Lippenstift im sanften Ton.
Lidschatten zieren Augensümpfe,
die Tiefe ahnen lassen schon.

Die Konkurrenz ist ja nicht blöde,
sie lauert auch den Männern auf.
Die sind nicht alle dumm und schnöde!
– Nein nein, jetzt steht man plötzlich drauf!

Nun wiederholt sich alles wieder.
Fest steht man in der Lebensbahn.
Fast träumend hört man alte Lieder
und steht nun zwischen Traum und Wahn …

Szenen

Deodorant

Sprecher: Das neue Deodorant
  ersetzt jede Kernseife!
Kind: Papi, was ist ein Deodorant?
Sprecher: Deodorantgepflegt
  und du bist Hahn im Korb!
Kind: Papi, bitte, was ist ein Deodorant?
Sprecher: Dein ständiger Begleiter
  heißt: Deodorant!
Kind: Jetzt möchte ich aber gerne wissen, was ein Deo-
  dorant ist, Papi?
Sprecher: Wenn alle Mittel versagen,
  Deodorant hilft immer!
Kind: (weinerlich) WAS IST EIN DEODORANT?
Sprecher: (gehobene Stimme) Deodorant mit dem neuen
  OV 1000! XY Hochdrei.
  Dem Ozonlochverkleinerer!
Kind: (glücklich) Das ist also ein Deodorant …

Triebe

(Ein Mörder in Handschellen hinter einem Gitter. Davor zwei weibliche Pressefotografen und ein Reporter.)

Reporter: Das Interview ist exklusiv für unser Blatt (zu den beiden Mädchen) Knipsen Sie den Mann von allen Seiten. Die Leser wollen Profil und jede Einzelheit (Blitzlichtgefunkel) Nun erzählen Sie. Hatten Sie eine schwere Jugend, die auf Ihre Taten schließen lässt?

Mörder: Der Krieg war schuld. Immer bumm, bumm, bumm. – Verstehste, was ich mein?

Reporter: Klar versteh ich das. Und der Vater wohl ein Säufer, wie?

Mörder: Und ob! – Trank gehörig, der Alte. – Lauter harte Sachen, verstehste?

Reporter: Und die Mutter?

Mörder: (schluchzt) Meine gute, alte Mutter. (gehässig) Geschlagen hat er sie. Verstehste, knallhart verprügelt, wenn er besoffen war. Er war ein Schwein, mein Alter.

Reporter: Hatten Sie oft Hunger in Ihrer Jugend?

Mörder: Hunger? – Mensch, mir knurrte täglich der Magen wie ein böser Hund, verstehste? Der Alte versoff ja das ganze Geld. Meine Jugend war Scheiße. Glatte Scheiße, verstehste?

Reporter: (zu den Mädchen) Ein klarer Fall. Müssen die Story für unsere Leser etwas zurecht dressieren. Vielleicht so ähnlich wie: »Armer Junge muss ohne Essen täglich schuften und wird vom betrunkenen Vater misshandelt«. So wird's ein Knüller, denk ich.

Mörder: So war's, Mensch. Nicht anders. Weißte, da kann

der Mensch ja nichts werden. Immer nur Schamott, wohin du auch schaust. Verstehste mich?

Reporter: Klar versteh ich Sie. – Eine passende Überleitung find ich schon noch. Nun erzählen Sie, was Sie sich bei Ihren Taten so gedacht haben.

Mörder: (überlegt) Gedacht? Wie meinste denn das?

Reporter: Mein Gott, irgendwas muss man sich doch dabei denken, wenn man sechs Frauen umgebracht und ihre Leichen zerstückelt hat. Denken Sie doch ein bisschen nach.

Mörder: Na, ich weiß nicht recht, was du dir da vorstellst.

Reporter: Beim ersten Mord, woran haben Sie da gedacht? Etwa an Ihren betrunkenen Vater? Oder an die arme, alte Mutter? Ein wenig Psychologie muss schon hinein in die Story, sonst liest sie kein Mensch.

Mörder: Mensch, klar hab ich an den Alten gedacht! Ganz klar. Weißte, wenn er die Mutter immer verprügelt hat. Das hat mich eigentlich zu dem gemacht, was ich heute bin.

Reporter: Und beim Zerstückeln? Woran dachten Sie da?

Mörder: Ich musste die toten Luder doch wegschaffen, verstehste? Wohin also, hab ich mir gedacht, und da ist mir die Säge von meinem Alten eingefallen.

Reporter: Nur zu, schildern Sie uns, wie Sie das gemacht haben. (zu den Mädchen) Nun noch ein Bild von vorne. (zum Mörder) Zeigen Sie uns, wie Sie die Leichen zerteilt haben. Mit den Händen etwas höher, damit ziemlich viel auf den Film kommt. Los, nur keine Scheu bitte.

Mörder: Und ich komm ganz sicher aufs Titelblatt?

Reporter: Klar, mein Freund. Ganz vorne auf die erste Seite.

Mörder: Prima. Ein bisschen Reklame kann nicht schaden, dann verkauft sich mein Buch besser.

Reporter: Welches Buch?

Mörder: Man hat mir ein Angebot vom Fernsehen gemacht, das mein Leben verfilmen will. Gleichzeitig erscheint mein Roman »Die sechs Frauen des Blaubarts Honka«.

Reporter: Das haut mich um. Da werden Sie ja eine Berühmtheit. Übrigens: Haben Sie alle sechs Frauen zerstückelt?

Mörder: Klar. Aber die Einzelheiten verrat ich nicht. Die kannste in meinem Buch nachlesen. Verstehste?

Reporter: Hab Sie verstanden. (zu den Mädchen) Los, macht noch ein paar Bilder, dann schwirren wir ab. Das andere stell ich mir in der Redaktion zusammen.

(Licht allmählich dunkel, während die Blitzlichter funkeln.)

Gute Sprache
Ein Monolog

Man muss in einer Sprache schreiben, die gut ist, und die
  nicht erschreckt.

In die man sich einwickeln kann.

Man muss sich in einer Sprache wohlfühlen.

Dann liest man gerne.

Eine Sprache muss nicht nur lebendig sein, sondern weich
  wie ein Bett, in das man sich nach getaner Arbeit legt.

Eine Syntax ist was für Sprachforscher.

Konjunktiv, Genitiv, was für abscheuliche Worte!

Man verletzt sich an ihnen.

Ich lese kein Buch, wenn mich die Sprache schindet.

Wort-Akrobaten um der Akrobatik willen mag ich nicht.

Ich mag klare Sätze.

Sätze, denen man sich anvertrauen kann.

Die einen nicht enttäuschen und verwirren.

Alles gewollt Komplizierte soll nur darüber hinwegbluf-
  fen, dass Unfähigkeit vorhanden ist, einfache Aus-
  drücke zu benutzen.

Die Sprache ist Vehikel, um Gedanken mitteilbar zu
  machen.

Je unkomplizierter das Vehikel, je verständlicher die
  Gedanken.

Ich wälze mich gerne in duftendem Heu.

Ich wälze mich gerne in guter Sprache …

Bauernschläue

Personen: Xaver Spöttl
    Zahnärztin

Zahnärztin: Waren Sie schon einmal bei mir in Behandlung?

Spöttl: Nein, bis jetzt nicht.

Zahnärztin: Ihren Namen bitte ...

Spöttl: Xaver Spöttl ...

Zahnärztin: Geboren?

Spöttl: Ja.

Zahnärztin: Wo?

Spöttl: In München.

Zahnärztin: Ein Münchner also ...

Spöttl: Na ja, wenn man schon da lebt ...

Zahnärztin: Nun, Herr Spöttl, wo fehlt es uns denn?

Spöttl: Es ist eigentlich bloß der Zahn. Der muss raus! Und zwar schnell!

Zahnärztin: Welcher ist es denn?

Spöttl: Der da hint' ist es. Der Stockzahn ...

Zahnärztin: Aha. Das ist aber ein Weisheitszahn ...

Spöttl: So so. Aber das ist mir wurscht. Raus muss er!

Zahnärztin: Der hat eine ganz nette Wurzel. Da muss ich Lachgas geben, sonst ertragen Sie den Schmerz nicht.

Spöttl: Lachgas? Ja was wär denn das! Nie im Leben! Ich kann Schmerz ertragen. Damals, in Afrika, da hat mir ein Doktor eine Kugel ohne Narkose aus'm Fuß zogen! – Wissen's, das war so ...

Zahnärztin: Ja ja, das glaube ich Ihnen gerne. Aber spritzen müssen wir auf jeden Fall.

Spöttl: Was kost'n das?

Zahnärztin: Eine Einspritzung kostet Neunundvierzigmarkneunzig ...

Spöttl: Und 's Reißen?

Zahnärztin: Das kostet Neunundneunzigmarkneunzig ...

Spöttl: Dann reißen wir ihn!

Zahnärztin: Das halten Sie nicht aus, mein Guter. Der Zahn hat eine Wurzel wie eine Eiche.

Spöttl: Das ist mir wurscht. Ich kann Schmerz ertragen. Damals ...

Zahnärztin: Gewiss, gewiss, ich weiß. Damals in Afrika ... Aber das ist etwas ganz anderes. Im Kopf laufen die Nerven zusammen. Da schmerzt es ganz erbärmlich.

Spöttl: Im Kopf sagen Sie? Aha. Aber wie gesagt, ich kann schon einen Schmerz ertragen. Damals ...

Zahnärztin: Ich glaube Ihnen ja, dass sie tapfer sind. Aber diesen Schmerz halten Sie nicht aus. So verstehen Sie mich doch!

Spöttl: Frau Doktor, ich sag Ihnen, wir reißen ohne Spritze. Ich mach keinen Muxer.

Zahnärztin: Wenn Sie auch keinen Muxer machen, und wenn Sie auch schmerzunempfindlich sind, einen Schrei tun Sie. Das kann ich Ihnen versichern. Da wären Sie der Erste! – Der Schmerz ist einfach zu stark ...

Spöttl: Frau Doktor, jetzt hab ichs Ihnen schon ein paar Mal gesagt, wir reißen bloß. Und wenn ich nur den leisesten Schrei tu, dann kriegen Sie von mir extra einen Hunderter. OK?

Zahnärztin: Also gut. Es hat ja keinen Zweck. Dann reiße ich Ihnen eben den Weisheitszahn ohne Spritze. Das ist das erste Mal in meiner Praxis. Und wenn Sie tatsächlich keinen Schrei tun, dann erlasse ich Ihnen mein Honorar. Denn dann haben Sie wirklich keinerlei Schmerzempfinden und das zu erleben, ist mir Neunundneunzigmarkneunzig wert.

Spöttl: Also, dann reißen wir! Nicht mehr zu lange warten!

Zahnärztin: Aber nicht schreien, sonst werden meine Patienten in Wartezimmer unruhig.

Spöttl: Ich schrei nicht. Und das mit dem Honorar, gilt das?

Zahnärztin: Jawohl, das gilt.

Spöttl: Gut. Also, fangen's an …

Zahnärztin: Menschenskind, sitzt dieser Zahn fest. Tut mir Leid, aber ich muss ihn lockern! Wie ich schon sagte: eine Wurzel wie eine Eiche! – Na endlich, da haben wir ihn ja! Ein schöner Brocken.

Spöttl: Wie, zeigen's mir den Zahn! Ja ist das ein Lackl!

Zahnärztin: Sie sind mir ein Rätsel. Haben Sie denn wirklich nichts gespürt?

Spöttl: Rein gar nix. Nicht einmal ein Bröckl …

Zahnärztin: Haben Sie vielleicht zuvor eine starke Dosis Schmerztabletten geschluckt?

Spöttl: Nein, net eine.

Zahnärztin: Warum grinsen Sie denn so? Irgendetwas kann da nicht stimmen.

Spöttl: Alles stimmt, Frau Doktor. Alles. Aber was ist jetzt, muss ich was zahlen oder net?

Zahnärztin: Natürlich brauchen Sie nichts zu bezahlen. Mein Wort gilt. Interessieren würde mich allerdings schon, weshalb Sie nicht den leisesten Schmerz verspürt haben?

Spöttl: Also, das mit dem Honorar bleibt dabei?

Zahnärztin: Gewiss, gewiss ...

Spöttl: Gut, dann sag ich Ihnen, warum ich nix gespürt hab. Gestern hat das verdammte Zahnweh angefangen. Und heut hab ichs nimmer ausgehalten. Da bin ich zu Ihrer Konkurrenz gangen, weil der näher bei mir ist. Ich hab gfragt, was das Zahnreißen mit Spritze kostet. Da hat er gsagt, dass bei ihm eine Spritze Neunundvierzigmarkneunzig kostet, und s' Reißen Neunundneunzigmarkneunzig. Unterdessen hat er mich schon gspritzt ghabt.

Da hab ich zu ihm gsagt, dass das ganz schön teuer wär und dass Sie garantiert nicht so viel verlangen würden. Da hat er gsagt, dass das net wahr wär, und Sie genau so teuer wären wie er.

Da hab ich zu ihm gsagt, dass ich mit ihm wetten würd', dass Sie den Zahn glatt umsonst reißen würden. Sozusagen aus purer Menschlichkeit. Und da hat er gsagt, dass ich das ruhig versuchen sollte und wenn ich es tatsächlich schaffen sollte, dann bräuchte ich ihm die Spritze auch nicht zahlen.

Und Sie sehen ja selber, ich habs geschafft.

Also, tschau, Frau Doktor ...

Weiser Rat

(Zwei Schriftsteller, ein älterer und ein jüngerer, sitzen an einem Wirtshaustisch)

Alter: Na, wie war die gestrige Party?

Junger: Es ging. Lauter berühmte Leute.

Alter: Und? – Hast du mit einigen gesprochen?

Junger: Es ist mir peinlich, mich so einfach anzuwanzen.

Alter: Du bist ungeschickt. Wichtige und einflussreiche Leute verhelfen dir nach vorne.

Junger: Ich weiß. Aber es ist nicht meine Art …

Alter: Aber du willst es doch schaffen, oder?

Junger: Natürlich.

Alter: Dann darfst du nur mit wichtigen Leuten verkehren. Sonst schaffst du es nie.

Junger: Und du glaubst, dass die mir weiterhelfen werden?

Alter: Wenn du es richtig anstellst. Du musst dich wichtig machen, trotzdem devot sein, ihnen schmeicheln, und ihre Gegner lächerlich machen.

Junger: Das ist nicht leicht.

Alter: Was ist leicht auf unserer Welt? Nichts ist leicht. – Und nur einflussreiche Leute können dir nach oben weiterhelfen. Also vergiss alle anderen, die bringen dir nichts. Im Gegenteil, sie warten wie du auf ihre Chance. Und nur die eiskaltesten unter ihnen schaffen es. – Und zu denen musst du gehören!

Junger: Die Einflussreichsten sind nicht die Sympathischsten.

Alter: Was spielt das für eine Rolle? – Du musst sie ja nicht heiraten …

Junger: Und alle meine Freunde?

Alter: Aufgeben! – Die bringen dir alle nichts.

Junger: Ich frage mich nur, warum du nicht nach diesem Rezept lebst?

Alter: Ich kann es nicht. Leider.

Junger: Wieso leider? – So schwer kann das doch nicht sein?

Alter: Ich will meine Freunde nicht aufgeben.

Junger: Aber die bringen doch nichts. Du musst dir einflussreiche Freunde suchen.

Alter: Ich weiß.

Junger: Zum Teufel, warum tust du es dann nicht?

Alter: Meine Stücke, die ich schreibe, werden dadurch nicht besser.

Junger: Aber sie werden aufgeführt!

Alter: Das schon …

Junger: Ich versteh' dich nicht. Schau dich doch an? Nur Kellertheater spielen deine Stücke.

Alter: Dafür habe ich noch alle meine Freunde …

Junger: Auf das pfeife ich! Ich will nach oben! (fanatisch) Dazu ist mir jedes Mittel recht! – Du bist eine Flasche!

Alter: (resigniert) Ich weiß …

Junger: Warum unternimmst du dann nichts?

Alter: Weil ich mein Leben und meinen Charakter nicht verändern will …

Junger: Dann wirst du es nicht mehr schaffen!

Alter: Ich weiß …

(Licht aus)

Jahreszeiten

Bilanz eines Achtzigjährigen

Bin achtzig Jahre
und muss euch gestehn,
das Leben war
weder hässlich noch schön.
Es verflogen die Jahre –
achtzigmal Mai!
Davon vierzigmal Frühling
und alles vorbei!

Das Leben war
wie ein kläglicher Furz:
viel, viel zu kurz …

Erholungspark

Liebespaare schmusen hinter Bäumen,
Hunde schnüffeln »Marken« in sich rein.
Heute ist ein Tag nur um zu träumen –
gibt es eigentlich noch »Glücklichsein«?

Irgendwo liegt eine Zeitungsseite.
Tod, Inferno, und: Weltuntergang.
Engverliebt ein Bundeswehrgefreiter
schlendert glücklich Parkwege entlang.

Kinder rennen, schlecken Eis am Stiele.
Ja, man fühlt sich selber wieder jung.
Träumend spielt man alte Kinderspiele,
setzt über den Bach mit einem Sprung.

Parkbänke verleiten um zu rasten.
Längst Vergessenes taucht wieder auf.
Menschen sieht man, die vorüberhasten –
Jogger, roterhitzt durch ihren Lauf.

Radfahrer mit tollen Rennmaschinen,
weichen slalomartig Leuten aus.
Eine Alte füttert mit Rosinen
Tauben, Möwen, dann geht sie nach Haus.

Bald schon wird der Mond am Himmel stehen.
Und die Nacht steht für den Park bereit.
Liebespaare werden schmusend gehen,
an der Liebe scheitert jede Zeit …

Frühling

Frühling wird es allenthalben.
So steht's im Kalenderblatt.
Und man sieht es an den Schwalben,
wenn man kein' Kalender hat.

Frühling röhrt es aus den Wäldern
und die Kater sind mobil.
Selbst die Hasen auf den Feldern
haben auch dasselbe Ziel.

Frühling, Mensch das zerrt am Hintern!
Alle Mädchen wissen das.
Nach dem langen Überwintern
legt man sich sehr gern ins Gras.

Ist auch die Natur noch bleiern,
wird die Sonne noch verdrängt,
kann man dennoch Frühling feiern,
wenn nicht alles runterhängt!

Ein Traum

Ein guter Geist ging fort,
die Welt ertrank.
Und währenddem ihr Bild
im Nichts versank,
erhoben sich die Sterne
dort im Rund
und taten von der Liebe
schweigend kund.

Ein Leben ging,
die Erde atmet still.
Mit ihm verblich
verwelktes Chlorophyll,
das sich im Frühling,
raumesgleich erhoben,
verbarg den Schmerz
und hat ihn zugewoben.

Ein Blick der Ewigkeit
durchmaß den Raum.
Und alles dies
gebar mir nachts ein Traum …

Elegie

Ein Sommer nach dem
andern geht dahin.
Die langen Schatten
haben lange Beine.
Nur das Vergehen zeigt
den wahren Sinn.
Vergangene Zeiten
lassen uns alleine.

Vergängnisgierig
äugt das Leben her,
des Drangs bewusst,
ein neues zu gebären.
Was heute leicht ist,
wird uns morgen schwer,
und lässt die langen Schatten
sich vermehren.

Geboren einst.
Muss auch das Leben sein!
Das Hirn zermartert.
Herbste werden dichter.
Die Jahre gehen ins
Vergessen ein,
und nirgendwo
wartet auf sie ein Richter.

Die Sommer, so geliebt,
an sie gewöhnt,
enteilen Jahr für Jahr
mit flinken Beinen.
Und ehe noch ein neuer
Schrei ertönt,
verweht das Lachen
und verhaltnes Weinen …

Kleine Einsamkeit

Wenn der Herbst
die ersten Nebel schleudert,
kommt bei mir die Poesie in Schwung.
Wenn die Gegenwart
prosaisch meutert,
flüchte ich mich in Erinnerung.

Wie rasch so ein Leben
doch entschwindet?
Was vertan ist, bleibt nun auch vertan.
Wenn die Mutter Erde
neu entbindet,
wird es wieder nur ein kurzer Wahn.

Und es ändert sich
im Grundverhalten
nichts. Es bleiben Liebe, Neid und Hass.
Wie lang' wird der Mensch
die Welt verwalten?
Langsam geht zur Neige jedes Fass.

Wenn im Herbst
die ersten Nebel ziehen,
werden Jahre zur Vergangenheit.
Alles endet, es gibt
kein Entfliehen,
es bleibt nur die kleine Einsamkeit …

Winterabend

Klirrend feuern die Sterne am Himmel,
der gleich einer Teerpappe über mir ragt.
Leise hör ich der Schlitten Glockengebimmel
und den Weihnachtsmann, der geheimnisvoll sagt:
    Öffnet die Stuben und singt mir ein Lied;
    ich bin von der weiten Wanderung müd.

Eisig krachen im Walde die Bäume.
Der Winter krallt sich in ihnen fest.
Wie glitzernder Nebel sind Christkindlein-Träume
der Kinder in ihrem warmwohligen Nest.
    Nur ein Spatz sitzt auf einem kahlen Baum
    und träumt einen hässlichen Hungertraum.

Frau Holle, die gute, schüttelt die Betten.
Die Federn stieben und zuckern die Welt.
Die Eiszapfen hängen wie Glaszigaretten …
der Himmel sieht aus, wie ein Pfadfinderzelt!
    Doch eiskalt höre ich einen Schrei:
    Die Weihnachtszeit, Kinder, geht auch vorbei!

Vergehen

Wie die Tage verhuschen
im Fluge der Zeit.
Was bleibt schon bestehen?
Die Ewigkeit?

Wie ein einsamer Tropfen
auf glühendem Stein.
So vergehen die Leben
beim funkelnden Wein.

Heute liebst du die Eine.
Morgen treust du schon ab.
So zertrittst du dich selber
im dämmernden Trab.

Ach wie wohl tut die Sonne
auf dürstender Haut.
Wenn die Tage verwelken
und der Abend schon graut.

Wenn der Himmel sich öffnet
im sternigen Rund.
Tust du von der Liebe
niemand mehr kund ...

Das kranke Jahr

Das Jahr sieht aus,
als wär es schwer erkrankt.
Womöglich kommt
davon der viele Regen.
Stellt euch nur vor,
es hätte abgedankt?
Dann gäb ich euch
zum Abschied meinen Segen.

Dann wärn die Sorgen
dieser kleinen Welt
schlagartig weggefegt
und kämen niemals wieder.
Apokalyptisch wär
die Nacht erhellt
und putzte sich
ihr dunkles Sterngefieder.

Doch soweit ist's noch nicht,
drum Gott sei Dank.
Oder auch leider,
nennt es wie ihr wollt.
Solang das Jahr noch spricht,
ist es nicht krank;
es hat den Tagen nur
Tribut gezollt!

Hinterbrühler See

Wenn die kalten Wintertage kommen,
gehn wir alle raus zum Eisstockschießen.
Und da ist es auch schon vorgekommen,
dass wir unsre Mädchen sausen ließen.

Denn die Freunde warten schon am Eise.
Und bei ihnen auch die hölzern Stöcke.
Heuer schießen wir nach alter Weise.
Hoffentlich nicht auch dieselben Böcke!

Mit den Karten losen wir zusammen.
Herz und Gras und Eichel sowie Schelle.
Die Eisstockbahn hat einen weißen Rahmen
und jeder steht an zugewiesner Stelle.

Der erste Schuss! Leicht röhrend saust das Eisen.
Es nimmt mit sich die viereckige Daube.
Man hört den Schützen laut sich selber preisen;
allein uns andern fehlt dazu der Glaube.

Wir schimpfen, fluchen, rauchen Zigaretten
und trinken von dem Schnaps aus einer Flasche.
Wir schätzen ab, fixieren, schließen Wetten –
und tragen unsre Hände in der Tasche.

Uns schreckt nicht, wenn das Eis oft leise knistert.
Der Hinterbrühler See ist dick gefroren!
Nur wenn der Eiswind durch die Bäume flüstert,
dann friert es uns an unsren roten Ohren.

Am Abend gehen wir noch einen trinken.
Der Schnee knirscht hörbar unter unsren Sohlen.
Wenn auch die Hände nur nach Holz und Tabak stinken:
der Tag war schön. Und wird sich wiederholen.

Der erste Schnee

Frau Holle schüttelt erstmals ihre Betten.
Der Himmel hängt sehr tief und ist sehr grau.
Der kleine Andy ist bestimmt nicht mehr zu retten –
er stürmt hinunter und beginnt den Schneeburgbau.

Die Flocken tanzen dicht vor meinem Fenster.
Ich stehe dort mit angepresster Stirn.
Erinnerung flammt auf und die Gespenster
der Kindheit gaukeln mir durch mein Gehirn.

Ich seh die Zäune wie sie Hauben kriegen.
Sogar der Dackel von Frau Kaindel glücklich bellt.
Am Fensterbrett da bleibt der Schnee schon liegen –
und still und ganz verzaubert wirkt die Welt.

Am liebsten würd ich meinen Freunden pfeifen.
Wie wäre eine Schneeballschlacht jetzt schön!
Mit blanken Händen würde ich die Kälte greifen –
nur geht das nicht. Und ich muss es verstehn.

Jahreswechsel

Das Jahr ist wieder mal gegessen.
Es schmeckte grob und schmeckte fein.
Was man minutengleich besessen,
gelernt aus mancherlei Exzessen,
packt man nun ins Vergessen ein.

Die Stunde Null hat Zwölf geschlagen.
Der neue Reigen steigt schon auf.
Soll man sich »alles Gute« sagen?
Sich freundlich auf die Schultern schlagen?
– Das neue Jahr nimmt seinen Lauf.

Es wird am Anfang rennen, sausen,
sich stürmisch um die Sonne drehn.
Und später zwischendurch in Pausen,
im leichten Säuseln, nicht mit Brausen,
so wie das alte Jahr vergehn …

Rückblicke

Dasein

Himbeergeranke
um den Mund einer Frau.
Sehnsuchtsgedanke
nachtschattenblau.

Leib aller Früchte,
honigsüßschwer,
treibt alle Süchte
ins Leidenschaftsmeer.

Keimender Ursprung
unserer Welt,
der jede Spannung
im Dunkel erhellt.

Zellengeflüster,
werde, verdirb.
Daseinsgeknister –
lache und stirb!

Insel der Träume

Ich schlief auf fremden Inseln,
die ich noch niemals gesehn,
und begann im Traume zu blinzeln
und schlafend unterzugehn.

Nichts konnte mich mehr halten,
während ich fiel und fiel,
denn alle Naturgewalten
waren mit mir im Spiel.

Sie gaukelten mir Chimären
und fremde Inseln vor,
bis sich der Klang der Sphären
im Nichts der Träume verlor.

Was blieb von all den Träumen?
Ein Insel-Schatten-Gebräu?
Türen zu fremden Räumen,
vermodert und doch wieder neu?

Ich werde es nie erfahren.
Es wird weiter Geheimnis sein.
Selbst an Tagen, an klaren,
gehe ich in das Nichts hinein …

Späte Liebe

Was währt denn ewig?
Flüchtige Stunde,
ein Strahlen wächst aus
der beginnenden Nacht.
Reißt mir nicht die Liebe
von meinem Munde,
die ich schon zweifelnd
vollbracht.

Lasst mich noch lieben.
Zerstört nicht das Feuer.
Dämmernde Wogen
verschenken noch Klang.
Flüchtendes Einst
und wieder ein neuer,
traumhafter Tag
zersprang …

Letzte Gedanken

Du denkst dir: was soll's?
Sterben müssen wir alle.
Und dann spuckst du aus Wut
die berüchtigte Galle.
Du denkst weiter, wie
lange wird es noch halten?
Und dann beginnst du
dein Leben zusammenzufalten.

Die Zeit, sie war schön,
wenn auch nicht alle Tage.
Und dann stellst du dir
zögernd die letzte Frage.
Wie werde ich mich
wohl beim Sterben verhalten?
– Und beginnst weiter
dein Leben zusammenzufalten.

Werde ich cool sein,
wie bei brenzligen Dingen?
Werde ich grinsen?
Wird mir das noch gelingen?
Wird's mir das Herz in
Verzweiflung zerreißen?
Oder werde ich bloß
in die Hosen scheißen?

Noch ist's nicht so weit.
Doch die Tage verrauschen.
Irgendwann möchtest
du mit Jüngeren tauschen.
Doch Trost ist dir, dass
ob Singles, ob Gatten,
solche Gedanken
auch andere hatten …

Rückkehr

Ich kehr dorthin zurück,
wo ich begonnen einst.
Alles war damals Glück,
wenn du auch meinst,

wenn du auch meinst, oh nein,
alles war schwer,
ging ich in Formen ein
und bin nun leer.

Was ich bis heute schrieb,
ist mir allein vertraut,
selbst das was haften blieb,
hat man versaut.

Ich schrieb für mich allein,
fast wie im Wahn.
Aber es musste sein,
ich hab's getan ...

Über Werner Schlierf

Werner Schlierf wurde in München geboren und wuchs im Stadtteil Giesing auf. Seine ersten Beiträge im Bayerischen Rundfunk, im Münchner Stadtanzeiger und in der Münchner Palette erschienen 1960, sein erstes Buch 1963. Zahlreiche Buchveröffentlichungen und Uraufführungen folgten. Einige seiner Stücke wurden ins Englische, Französische, Italienische und Russische übersetzt. 1985 wurde sein Stück »Joe und Marianne« in New York aufgeführt. 1998 folgte die russische Uraufführung in Charkow. Von 1980 bis 1982 hat er zusammen mit dem Schauspieler Werner Rom in München Kabarettaufführungen realisiert. Werner Schlierf hat mehrere Preise erhalten, so 1983 den Bayerischen Romanpreis und 1986 den Bayerischen Poetentaler.

Zuletzt führten verschiedene Theater in München und anderen Orten Stücke von Werner Schlierf aus dem Dramenband »Chewing Gum und Chesterfield« auf.